SABER PROFISSIONAL E PODER INSTITUCIONAL

EDITORA AFILIADA

Dados Internacionais de Catalogação na Publicação (CIP)
(Câmara Brasileira do Livro, SP, Brasil)

Faleiros, Vicente de Paula
   Saber profissional e poder institucional / Vicente de Paula Faleiros. — 11. ed. — São Paulo : Cortez, 2015.

   ISBN 978-85-249-2328-9

   1. Serviço social 2. Serviço social - Aspectos políticos 3. Serviço social como profissão I. Título.

15-00582   CDD-361.3

Índices para catálogo sistemático:

1. Serviço social : Prática profissional   361.3

Vicente de Paula Faleiros

SABER PROFISSIONAL E PODER INSTITUCIONAL

11ª edição
1ª reimopressão

SABER PROFISSIONAL E PODER INSTITUCIONAL
Vicente de Paula Faleiros

Capa: de Sign Arte Visual
Revisão: Marta Almeida de Sá
Composicão: Linea Editora Ltda.
Secretária editorial: Priscila F. Augusto
Coordenacão editorial: Danilo A. Q. Morales

Nenhuma parte desta obra pode ser reproduzida ou duplicada sem autorização expressa do autor e do editor.

© 1985 by Vicente de Paula Faleiros

Direitos para esta edição
CORTEZ EDITORA
Rua Monte Alegre, 1074 – Perdizes
05014-001 – São Paulo – SP
Tel.: (11) 3864-0111   Fax: (11) 3864-4290
E-mail: cortez@cortezeditora.com.br
www.cortezeditora.com.br

Impresso no Brasil — fevereiro de 2018

Sumário

Apresentação à 11ª edição 9

Introdução 13

Parte I
A INSTITUIÇÃO: PODER E SABER

Capítulo 1   Política social e Serviço Social 23
    1. Retrospectiva histórica 23
    2. A redescoberta das mediações 28
    3. As mediações globais no estado capitalista 30
    4. A gestão da vida cotidiana 34
    5. Os movimentos sociais e as novas mediações ... 36

Capítulo 2 Espaço institucional e espaço profissional.............. 41

1. Espaço político das instituições sociais 44

2. A dialética das mudanças institucionais e suas formas pré-capitalistas e capitalistas 51

3. As formas públicas e privadas.. 56

4. Possíveis alternativas de ação...................................... 58

Capítulo 3 Serviço Social nas instituições: hegemonia e prática.. 61

Capítulo 4 Instituições de desenvolvimento, burocracia e trabalho profissional.. 77

Parte II

PARTICIPAÇÃO E PODER

Capítulo 5 Formas ideológicas da participação 97

1. Planejamento e consulta 100

2. A representação.. 101

3. Participação e combate.. 104

4. Participação, autonomia e interesses 106

5. Participação disfarçada e grupos espontâneos.............. 108

Capítulo 6 Alguns comentários sobre estratégia e tática......... 109

1. Estratégia e tática... 109

2. Estratégia de grupos populares e o movimento operário 110

3. Os grupos populares e o Estado 110

4. Movimento e posição 111

5. O ritmo e a surpresa 111

6. As concessões 112

7. As ações táticas 112

8. A estratégia do Estado 113

9. Mobilização e relação de forças 114

Parte III

SABER E PODER

Capítulo 7 Dialética e trabalho social 117

1. Perspectiva histórica 118

2. Dialética e Metodologia 122

3. Transformação e dialética 124

4. Reprodução e dialética 128

5. Complexidade e mediação do trabalho social 132

Capítulo 8 Regulação e articulação: dois paradigmas
metodológicos do trabalho social 141

1. Metodologia da regulação 144

2. Metodologia da articulação 149

Capítulo 9 Duas tendências do Serviço Social norte-americano. 157

1. O modelo e a ideologia da prática liberal filantrópica . 158

2. O modelo da prática liberal tecnocrática 164

PARTE IV

EXPERIÊNCIAS

Capítulo 10 Trabalho social com hansenianos............................ 177
Eda Gomes de Barros e Lima e
Vicente de Paula Faleiros

O itinerário institucional... 179

Relações de poder e o relacionamento assistente
social/cliente.. 183

Conclusão... 190

Bibliografia.. 191

Apresentação à 11ª edição

Nesta 11ª edição de *Saber profissional e poder institucional*, eliminou-se o capítulo 11 sobre Centros Sociais Urbanos, por não ter mais atualidade, inclusive com a criação dos Centros de Referência de Assistência Social e dos Centros de Atenção Psicossocial. Também foi retirado um anexo referente à luta contra a discriminação de portadores de hanseníase, já que esta luta se articula à luta contra a exclusão e pela diversidade humana em todos os campos.

Gostaria de ter ampliado a discussão sobre instituições e poder, por tratar-se de uma questão ventilada há séculos. O poder implica uma relação de forças desiguais para o exercício da submissão, seja entre pessoas, grupos, classes, seja entre o Estado e a população (súditos ou cidadãos), o que está presente neste livro. O poder não se resume à posse de instrumentos, de dispositivos ou mesmo de lugares de dominação. A construção do poder é historicamente dada e, nesse sentido, implica resistência, contraposição, resiliência, enfrentamento, temas também presentes nesta obra.

A discussão sobre instituições está profundamente articulada ao debate sobre o poder, pois o instituído está estruturado por uma organização hierárquica, com definição estatutária dos lugares de decisão e de execução, de competências, de habilidades, por meio de classificações e distinção de funções e salários. As disputas por reconhecimento do saber implicam disputas de poder e de regimes de remuneração, como aconteceu na luta pela aprovação do chamado "Ato Médico", num confronto de reconhecimento de saberes profissionais consolidados nas áreas da saúde.

A questão da gestão tomou muita importância nos debates sobre instituições, implicando não somente controlar os processos burocráticos mas também buscar resultados, numa dinâmica intricada de pressões e estímulos, que ao mesmo tempo produzem sofrimento e satisfação, mas de forma desigual para o conjunto dos trabalhadores. As mudanças na organização do trabalho com a terceirização, a subcontratação, a flexibilização do tempo, a redução de direitos têm profundo impacto na dinâmica institucional, bem como os chamados focos na satisfação do cliente.

As disputas por saber e poder estão abordadas no livro, discutindo-se formas estratégicas de posicionamento das forças de hegemonia e de contra-hegemonia, num constructo dialético. Esta é a contribuição de *Saber profissional e poder institucional* para se pensar criticamente as configurações do saber e do poder no âmbito das instituições. Defende-se a real democratização das instituições, tanto pela efetivação da participação como pela distribuição dos resultados e pela transparência das informações. As instituições públicas têm responsabilidade com seus trabalhadores e com o público, sendo este último, ao mesmo tempo, seu cliente e seu financiador indireto. Os contratos estabelecidos entre as instituições e o Estado, em realidade, são contratos com toda a sociedade para assegurar os direitos do cidadão.

A construção da cidadania deve ser o foco das instituições e de seus atores, o que as articula à pessoa concreta e ao cidadão em geral. Essa articulação entre a pessoa concreta e o cidadão, num contexto superestrutural estabelecido, é o desafio permanente dos profissionais da área social, destacando-se que tanto o clientelismo como o patrimonialismo, ou seja, a política de encurralamento de pessoas pelo favor/lealdade, ou do encurralamento dos bens públicos para fins privados, soem fazer parte da prática política das elites dominantes.

O livro mostra que as relações de poder/saber se configuram de forma diversificada em diferentes campos de constituição de objetos institucionais, sendo instâncias de lutas por posições e influências, vantagens e benefícios para uns e desvantagens ou exclusão para outros. O exercício do saber está dialeticamente articulado às relações de poder.

Introdução

A presente publicação reúne textos elaborados entre 1979 e 1984 e cujo tema central é a análise do poder institucional e do saber profissional. Foram originalmente publicados nas revistas *Serviço Social & Sociedade* (capítulos 2, 3, 5 e 10), *Acción Crítica* (capítulo 1), e *Revue Internationale d'Action Communautaire* (capítulo 11) ou divulgados internamente pelas Universidades de Brasília (capítulo 8), da Paraíba (capítulo 7), de Monterrey (capítulo 9) e de Honduras (capítulo 4).

Os textos em língua estrangeira foram traduzidos por Zélia Lobato, a quem manifesto meu sincero agradecimento.

Esta coletânea de escritos, embora com objetivos diversos, retoma uma temática comum de grande repercussão nos meios profissionais, ou seja, a relação existente entre o saber profissional e o poder político. Algumas das perguntas que surgem a respeito são: Que poder exercem os profissionais através do saber? Seu saber é autônomo? Há uma metodologia própria da profissão? As instituições condicionam toda atuação profissional? Que relação estabelece o profissional com o público que atende?

Na perspectiva de análise aqui presente considera-se que saber profissional e poder institucional são formas históricas da relação entre classes e forças sociais e da relação entre Estado e sociedade. A produção e a organização do saber profissional são processos de domínio e de legitimação de classe, de controle e de direcionamento da dinâmica social. O saber é uma forma de enfrentar desafios da natureza como de contornar ou estimular conflitos, de justificar ou criticar a ordem social, de articular a continuidade ou transformação da sociedade e se coloca no processo da luta de classes e da correlação de forças sociais. O saber é *práxis*, concepção de mundo em conflito, relativo às relações de classes e forças sociais.

As classes sociais, chamadas por Gramsci de classes fundamentais do capitalismo (burguesia e proletariado), organizam suas visões de mundo de forma sistemática na defesa dos seus interesses políticos e econômicos. A burguesia, aliada a outras classes dominantes (blocos no poder), obtém recursos e poder para impulsionar seu controle sobre a sociedade e o desenvolvimento de seus interesses, por exemplo, no processo de aumentar os lucros, manter a ordem e se ver aceita socialmente. Para isto articula a produção de conhecimentos administrativos, políticos e técnicos sob o ângulo que lhe convém e na confrontação com os desafios que lhe impõem o proletariado e outras classes subalternas. O proletariado, por sua vez, na luta constante contra a burguesia, na construção de alternativas históricas, elabora a crítica à ordem burguesa na busca de seus fundamentos, para conter a exploração de que é objeto a força de trabalho e construir uma sociedade alternativa. A luta pelo poder exige, pois, informação, dados, análises, propostas, planos, controles, técnicas, experimentos. Estas formas são elaboradas pelos profissionais e pelos técnicos que se situam na divisão do trabalho capitalista como trabalhadores intelectuais e cada vez mais na condição de assalariados, mas numa hierarquia de poder extremamente complexa. As lutas pelo poder realizam-se de forma

SABER PROFISSIONAL E PODER INSTITUCIONAL   15

complexa com divisões e alianças das classes e suas frações e em cuja dinâmica os profissionais podem inclusive constituir-se como uma força de apoio às classes dominantes ou às classes subalternas. Não se trata de opção pessoal, mas de uma articulação organizada e complexa que implica concepções teóricas e políticas e processos mobilizadores de energias e recursos.[1]

A construção de uma força social implica a descoberta de interesses comuns, o estabelecimento de relações entre os atores, a formulação de estratégias e táticas, e a mobilização de recursos na conjuntura. Uma força se constitui na dialética da identidade e da oposição, na descoberta de interesses próprios em conflito com o adversário, no enfrentamento por defender ou conquistar posições. Para se ganhar posições é preciso a consciência da posição que se tem, da força do adversário e do processo global das condições de manobra, isto é, de avanços e recuos imediatos e de longo alcance e das mediações necessárias para isto, articulando-se organização, mobilização e saber.

Uma força, assim, pode traduzir uma articulação uniclassista ou pluriclassista, desde que estejam em jogo interesses comuns. Os profissionais das classes médias, assalariados ou não (por exemplo, advogados, médicos, consultores que trabalhem por conta própria) têm interesses comuns com os demais trabalhadores nas lutas específicas por moradia, transporte, água e outras condições de vida, e nas lutas pela cidadania, pelo fim da exploração.

---

1. Diego Palma assinala: "A institucionalização democrática não representa um jogo com cartas marcadas, onde as classes subordinadas estão, desde o início, fatalmente destinadas a perder. Pelo contrário, tratei de mostrar que se trata de uma arena contraditória, dinâmica, onde se abrem e fecham espaços e possibilidades segundo as iniciativas, sempre relacionais e opostas dos sujeitos coletivos que nessa arena se referem e se enfrentam. Jogar esse jogo, ganhar forças para apoiar o projeto próprio, debilitar a vigência do projeto contrário, ampliar e controlar espaços [...] isto é fazer política" (In: *La práctica política de los profesionales.* Lima: Celats, 1985. p. 63; grifos meus).

A base do processo de aliança do profissional com as classes subalternas ou movimentos e setores populares se amplia na dinâmica capitalista de expansão da gestão do capital sobre a vida cotidiana.

As instituições representam, contraditoriamente, a expansão dessa gestão do capital sobre a vida cotidiana e das formas organizativas e de mobilização de recursos das classes dominantes em relação aos conflitos e ameaças à ordem social e à expansão das conquistas populares, de formas de organização das categorias atendidas pelas instituições e de mobilização por reivindicações que se tornam expressas justamente pela feição institucional que assumem. As lutas em torno das políticas habitacionais, de saúde, de assistência e outras se tornaram possíveis neste confronto de interesses que são cada vez mais regulados pelo Estado. A gestão estatal é uma gestão capitalista que articula os conflitos e ameaças ao processo geral de acumulação de capital. Esta articulação, no entanto, não é mecânica e automática. Ela se processa na dinâmica dos enfrentamentos de forças que dividem o próprio bloco de poder e as propostas internas das instituições. Quando uma força se torna hegemônica na instituição, ela *ganha* espaços, mas nem sempre leva tudo que deseja. E o espaço da negociação se abre de acordo com a correlação de forças em presença.

Saber analisar estas forças em cada conjuntura para nelas inscrever estrategicamente a atuação (*saber fazer*) profissional são processos dialéticos fundamentais para superar o *tecnocratismo* e o *tecnicismo*. O primeiro se caracteriza pelo predomínio da ideologia da racionalidade arbitrária, que se coloca acima da sociedade com a lógica da otimização de recursos e o segundo pelo pragmatismo em isolar e tratar cada problema fora da correlação de forças.

Nos textos aqui reunidos estas proposições são detalhadas e analisadas, pois o saber resolver problemas é resultado da correlação de forças[2] dos enfrentamentos e da luta pelo poder. Saber e poder são meio e fim que se articulam em cada conjuntura: saber para poder e poder para saber.

Estas propostas, já defendidas por nós há muito tempo,[3] não são argumentações isoladas,[4] mas formam um paradigma de análise institucional e profissional. As críticas a elas e em especial às minhas formulações podem ser agrupadas em três tipos: a crítica ao trabalho político, a crítica ao espaço institucional e a crítica à análise histórico-estrutural.

A primeira crítica considera que a relação entre ação profissional e ação política "dogmatiza e radicaliza" o papel do trabalhador social, esquecendo o trabalho institucional.[5] Quando se propôs a análise das práticas profissionais em termos de luta de classes, não se excluíram as instituições. Pelo contrário, os atores institucionais é que rejeitaram o referencial da análise e a crítica à neutralidade de sua ação. A acomodação, a defesa do sistema, da hegemonia burguesa e do empreguismo passam pela ideologia do profissionalismo, que coloca o ator institucional como mediador neutro no conflito de forças ou como "solucionador de problemas" do "ser em situação", "na busca da verdade".[6]

---

2. Ver, em especial, o capítulo 8.

3. Alba Carvalho assinala que já em 1972 "Faleiros assume uma perspectiva essencialmente política na sua análise, privilegiando as questões da luta de classes, da opção político-ideológica" (In: *A questão da transformação e o trabalho social*. São Paulo: Cortez, 1983. p. 272).

4. Basta lembrar os livros de Diego Palma, aqui citado, e o de Leila Lima Santos. *Textos de Serviço Social*. São Paulo: Cortez, 1982. Na mesma linha situam-se os trabalhos do *Radical Social Work*. Veja Mike Brake e Roy Bailey, *Radical social work and practice*. Londres: Edward Arnold, 1980.

5. Ver, por exemplo, Renée Dupont Oliveira, El movimiento de reconcaptualización del Servicio Social Lationamericano. In: Alayon, N. et al. *Desafío al Servicio Social*. Buenos Aires: Humanitas, 1975; e também Helena Iracy Junqueira. Quase duas décadas de reconceituação: uma abordagem crítica. In: *Serviço Social & Sociedade*, ano II, n. 4, p. 17 e 22, dez. 1980.

6. Ver Maria Carmésia Leite. *A intervenção em Serviço Social*. São Paulo: Cortez, 1982. p. 106. Para uma crítica à visão conservadora ver José Paulo Netto. A crítica conservadora à reconceptualização. In: *Serviço Social & Sociedade*, ano II, n. 5, p. 59-75, mar. 1981.

A segunda crítica, ao contrário, provém de uma visão "esquerdista" das instituições, pois no "Novo Mundo, no modo de produção do Homem Novo (*sic!*) [...] não haverá muito 'espaço' para o *Serviço Social*, profissão para este mundo de capital-trabalho". E a saída? É "uma aliança de subordinação necessária da profissão ao trabalho, aos trabalhadores".[7]

Nesta perspectiva de subordinação do profissional não há realmente espaço para uma aliança, ficando esdrúxula a expressão "aliança de subordinação". Como o autor não explicita esta subordinação, cabe-nos supor que quem se subordina perde o poder e o saber, dissolvendo-se assim a própria situação objetiva das classes e das forças numa homogeneidade abstrata e a-histórica do "trabalho".

Há que se considerar que os trabalhadores se inserem de forma diversificada no modo de produção capitalista e se constituem forças destas diferentes frações num processo histórico diversificado e que se estampa nas próprias diferenças das revoluções russa, chinesa, cubana e nicaraguense. A luta pelo socialismo implica a transformação do cotidiano institucional, das relações de poder e saber nas áreas da saúde, da habitação, da assistência, por exemplo, na conjuntura presente. Ficar esperando pela "grande aurora" do mundo novo é cair na fantasia ou na idealização da história.

Em terceiro lugar vou referir-me à posição que acha que é na "relação vivencial de produção que vão ocorrendo explicações e, ao mesmo tempo, alterações no processo", pois "o concreto se constituído conhecimento sobre o real, ou seja, a ação explica a ideia" (p. 70), isto é, "as relações concretas vividas pelo assistente

---

7. Ver Matsuel Martins Silva. Considerações a respeito da ideologia e espaço institucional. In: *Serviço Social & Sociedade*, ano IV, n. 13, p. 69-70, dez. 1983. O autor distorce completamente nossa proposta de luta de classes e de correlação de forças nas instituições e fica numa proposta ininteligível de "Modo de Produção do Homem Novo".

social no momento histórico em que elas predominaram" (p. 72).[8] Esta orientação recusa a perspectiva da totalidade por considerá-la um quadro pré-elaborado da realidade.

A relação profissional-cliente não é uma "vivência" isolada e seria um absurdo afirmar que o vivido explica o pensado. É através de mediações que o pensamento penetra na *complexidade* da realidade *histórica*, pois a descoberta das relações sociais mais profundas não se dá na imediatez do vivido, embora nele estejam presentes.[9]

Nos textos aqui apresentados enfatizo a articulação entre as condições políticas subjetivas, a formação da vontade coletiva no cotidiano, no vivido, com as condições da produção que se tornam conscientes e objeto de ação. A transformação dessas condições em objeto de ação, em ponto de partida de uma estratégia complexa de mediações teóricas e práticas, constitui o trabalho metodológico do saber do trabalhador social. A manifestação dessas relações sociais na consciência dos atores como revolta ou apatia, desafio ou fatalismo, insatisfação ou aceitação, projeto de mudança ou de continuidade, torna a relação profissional um processo de abordagem multilateral que implica a busca do "posicionamento mais vantajoso", diante da correlação de forças em presença, para as classes populares.

Esta *práxis* da "política mais vantajosa" para as classes populares deriva da "troca de saberes" entre profissionais e população, isto é, da análise dos pontos de vista em presença e de seus fundamentos na complexidade conjuntural/estrutural. Nesta complexidade inscreve-se a própria instituição, atravessada por lutas e

---

8. Ver Luiz Antonio Gastardi. *A construção da teoria do Serviço Social*. Tese (Mestrado) — PUC-Rio, 1984. O autor não expõe nenhum método coerente para a análise do texto que escrevemos em 1972, referindo se a obra com as expressões "percebemos", "para nós", "vemos", "nossa crítica", "verificamos" (*passim*, da p. 44 em diante).

9. Ver capítulo 7.

formas de organização que mudam constantemente com a formação de blocos e alianças, divisões e fracionamentos. Reduzir tudo isto a um relacionamento vivencial é esvaziar e personalizar as relações estruturais/conjunturais das forças sociais, embora os indivíduos joguem papéis importantes nesta articulação, mas justamente importantes porque articulados. Nesse sentido é que sintetizo minha proposta como "Metodologia da articulação" (capítulo 8), levando-se em conta as forças, recursos e estratégias disponíveis em confronto.

Agrupei os textos em quatro grandes subtemas: a instituição, a participação, a questão do método e experiências. No primeiro momento a ênfase é colocada nas relações do poder institucional com o Estado e a sociedade, para em seguida visualizar-se a relação do movimento de baixo para cima com o Estado. Na terceira parte abordo mais especificamente a questão da articulação do saber nas relações de poder, para encerrar o trabalho com a apresentação e análise de duas experiências.

Solicito ao leitor a análise crítica desses posicionamentos polêmicos e que visam dar força àqueles que lutam por situar-se do lado da população de forma crítica e fundamentada.

Brasília, 1985.

Parte I

A instituição: poder e saber

Capítulo 1
Política social e Serviço Social*

Em primeiro lugar, quero ressaltar que este texto contém apenas uma versão preliminar do tema para discussão com os colegas que participaram do seminário de avaliação do Celats-Alaes, em Lima, de 1º a 10 de novembro de 1982. São reflexões destinadas a abrir o diálogo e o debate em torno desta questão.

1. Retrospectiva histórica

Se olhamos a lista de publicações significativas de Serviço Social na última década, vemos um corte de orientação que aparece em torno de 1975 com a estruturação do Celats e a organização de mestrados no Brasil. De 1970 até 1975 predominavam as publicações da Editora Ecro, voltadas para a metodologia do trabalho social. Exemplos destas publicações são o meu livro, o de Angélica

---

* Publicado em *Acción Crítica*, n. 12, dez. 1982.

Gallardo, o de Benjamim Sun Turnill e mesmo os *Cuadernos Celats- -Contribuciones a la Metodología del Trabajo Social.*

Os primeiros *Cuadernos Celats* já estão voltados para a análise da política social no Peru com os trabalhos de Boris Lima e Walter Tesch, e a revista *Acción Crítica* retoma constantemente esta temática, dedicando artigos ao tema de política social nos números 1, 2, 5, 7, 9 e 11, sendo que os números não citados o abordam indiretamente.

Os livros publicados pela Cortez Editora, no Brasil, retomam algumas teses que mostram preocupação com as políticas de saúde, planejamento e habitação, além do meu livro sobre política social em geral.

A volta para o estudo das políticas sociais por parte dos assistentes sociais latino-americanos reflete dois tipos de impasses na elaboração da teoria e na atuação prática: um referente à concepção de que é através das relações imediatas que atua o assistente social e o segundo referente à própria Metodologia como forma de generalizar a atuação profissional.

Baseado numa tradição de relações interpessoais, o Serviço Social tomou o relacionamento como a forma privilegiada de atuação profissional. Este relacionamento se baseava nos processos de casos, grupos e comunidades, em que o profissional pensava ou julgava atuar através de fatores psicossociais inerentes à sua própria personalidade para influir nas decisões pessoais de sua clientela.

Estas relações imediatas, fundadas no conhecimento do meio em que vivia a clientela e de suas relações de parentesco, de trabalho, de habitação, eram consideradas o próprio fundamento da vida social.

Esta concepção advinda de uma ideologia humanista que pretendia "personalizar" as relações existentes no meio com uma presença calorosa e acolhedora de um profissional que soubesse, antes de mais nada, escutar as queixas da clientela.

Sem preparação para um trabalho psicológico mais profundo, a atitude de escuta tornou-se incômoda. Em primeiro lugar, não trazia soluções concretas à problemática apresentada. Em segundo lugar, não levava a uma avaliação mais crítica da situação e ficava-se num relacionamento baseado nos valores sociais do próprio profissional. O aconselhamento valorativo tornou-se característica da ação do assistente social. Este teria soluções para as questões matrimoniais, políticas, econômicas que atingissem os indivíduos que o procurassem.

Na verdade esta escuta humanizada servia como legitimação de um processo de exploração. A presença do assistente social parecia dar a estas condições um caráter bom, de bondade, de presença acolhedora. As classes dominantes viam o assistente social como a pessoa capaz de acolher e escutar de forma benevolente as questões apresentadas, visualizando em cada situação os meios para levar o cliente a uma melhor aceitação da problemática e da viabilidade das soluções propostas ou da desistência do pleito.

Esta atividade foi se modificando frente ao próprio questionamento do profissional pelas classes dominadas e pela exigência de produtividade do próprio capitalismo. Este necessitava ver eficiência na atuação profissional, já que o voluntariado fora descartado como forma de aconselhamento.

O assistente social tornou-se então um solucionador dos problemas que se apresentassem diante dele. A questão do *problem solving* tornou-se crucial para a profissão. Contudo, eram tantos os problemas apresentados, que se alargou e se esvaziou a própria atividade profissional. Os problemas eram identificados pela própria instituição, pelos próprios objetivos do contexto em que atuava o assistente social, obrigando-se este à manipulação de certos recursos e a partir deles pensar os problemas apresentados.

Por exemplo, a atuação profissional que se situava num contexto de distribuição de alimentos enfocava o problema a partir da falta de alimentos. O profissional que atuava em área de distribuição de casas enfocava o problema como falta de habitação. O profissional que atuava na área educacional enfocava o problema a partir da ótica institucional em que a falta de uniforme, livros, transporte escolar, relações entre pais e mestres se tornavam objeto da atuação profissional.

Esta diversidade de problemas a partir da ótica institucional levou a uma busca de unificação metodológica da atuação profissional.

No entanto, a busca de um método comum a tantos problemas eliminou a questão central da discussão, isto é, o contexto institucional e de poder da atuação profissional.

Esta eliminação se faz de duas formas: em primeiro lugar pela redução da Metodologia a uma série de etapas de conhecimento e também pela volta a uma atuação anti-institucional, isto é, a partir de movimentos sociais que combatessem estas instituições.

A volta, ou a preocupação com a teoria do conhecimento, com o saber desvinculado das questões do poder, traduziu-se num idealismo e num metodologismo que já foi duramente criticado. Veja-se o texto de Leila Lima e de Roberto Rodrigues sobre o metodologismo e as reformulações que venho fazendo sobre o processo de atuação profissional. Por outro lado, o vanguardismo e o voluntarismo daqueles que pensavam atuar fora das instituições, fora dos processos e dos contextos de poder institucionalizado, para, como agentes externos, construir um contrapoder popular, também vêm sendo criticados.

Segundo esta perspectiva, não haveria nenhuma distinção entre militância político-partidária e trabalho social. O trabalhador social seria um tipo de profissional da revolução para levar à classe, ou às classes oprimidas, a libertação. Aliás, o conceito de libertação permeou os textos de Serviço Social nos anos 1970, como o objetivo central da profissão. Sendo um conceito ou uma noção bastante vaga, ele serviu de cobertura a um humanismo individualista, a visões partidárias e também a um processo de compreensão da realidade de opressão na América Latina.

O binômio opressão-libertação era visto como uma dicotomia, como luta de classe contra classe, sem, no entanto, ter em conta a realidade concreta da divisão social em classes e suas manifestações na realidade latino-americana.

O estudo do indigenismo por parte de um grupo de trabalhadores sociais da área andina já reflete uma preocupação com as realidades concretas. Os estudos sobre trabalho social com camponeses, operários e movimentos urbanos foram diferenciando as formas de compreender as realidades concretas e cotidianas do trabalho social, sem cair no maniqueísmo de poder contra poder, burguesia exclusivamente contra proletariado exclusivamente, ditadura contra democracia, opressão contra libertação, capitalismo contra comunismo.

Estas dicotomias permearam a compreensão da realidade latino-americana substituindo o velho dualismo entre tradicional e moderno por outras formas de dualismo, sem ter em conta a complexidade da realidade social.

Os que viam na Metodologia apenas um meio de melhorar sua eficácia e sua eficiência no trabalho institucional não souberam distinguir os objetivos profissionais dos objetivos institucionais. Aliás, esta é uma das questões mais difíceis de serem incorporadas no debate concreto da prática profissional. Várias pesquisas, como as de Eunice Reymão e Maria Luiza de Souza, mostram que os assistentes sociais, na prática, confundem objetivos profissionais e objetivos institucionais. Assim, os objetivos profissionais são definidos como melhoria das condições de vida, promoção humana, administração de recursos humanos, planejamento, bem-estar social, sem distinguir a proposta profissional da proposta institucional.

Esta confusão advém da própria realidade institucional em que se situa o Serviço Social e da inconsistência teórica da profissão. Do ponto de vista teórico, ainda faltam estudos e contribuições que venham trazer um pouco mais de luz ao debate sobre o objeto e os objetivos da profissão.

Estes impasses levaram a uma reflexão teórica sobre o trabalho social e a uma retomada, em outros termos, da discussão de sua prática.

2. A redescoberta das mediações

A forma de repensar a prática profissional passou então para uma análise das condições concretas em que ela se realiza.

Essas condições levaram a situar a prática e o processo profissional num contexto e em condições que os determinam. O Serviço Social não é uma profissão liberal. O próprio desenvolvimento do capitalismo vem levando o assistente social a incorporar-se em diversas tarefas como um assalariado. A condição de trabalho do assistente social é de assalariado. Esta realidade concreta levou-o a questionar-se sobre a compra e venda de sua força de trabalho, de sua utilidade para o capital, de sua produtividade e improdutividade (vejam-se os trabalhos de Maguiña e Parodi).

A questão do assalariamento parecia encoberta pela própria visão humanista que fazia o Serviço Social aparecer como um sacerdócio, uma atividade benevolente e sem o caráter específico determinado pela sua inserção no processo técnico e social do trabalho.

O trabalho concreto do assistente social encobria seu caráter abstrato. Este trabalho concreto parecia útil em si mesmo aos indivíduos, oferecendo-lhes pequenas compensações na realidade de exploração, mas abstratamente o assistente social vende sua força de trabalho e, portanto, se encontra nas mesmas condições de exploração.

Esta descoberta veio mostrar que o assalariamento, que a venda de sua força de trabalho, o faz participar das mesmas condições objetivas em que se encontra a população com quem trabalha.

Em segundo lugar, a reflexão sobre as condições institucionais veio mostrar a realidade do Serviço Social como subordinado no processo decisório. Esta subordinação é também comprovada por vários estudos, por exemplo, o de Eunice Reymão, que mostra que os assistentes sociais, em sua grande maioria, se encontram nas funções de execução e não de decisão. O assistente social é um trabalhador de linha nas instituições e não de *staff*, como se diz hoje na moderna teoria organizacional.

Sem poder ter decisão no nível global, ele utiliza a manipulação de pequenos recursos para reforçar seu próprio poder pessoal. Assim, o relacionamento pessoal com a clientela esconde uma relação de poder muito mais ampla, em que o assistente social se insere frente a uma população dividida e carente de poder sobre sua vida.

A obtenção de benefícios, de leite, de um par de óculos, de um empréstimo, pode significar a sobrevivência emergencial de pessoas em situações específicas. A figura do assistente social aparece então como a de um salvador, a tal ponto de eu mesmo ter ouvido frases como estas, em uma favela em São Paulo: "É Deus no céu e a senhora aqui na Terra". Esta frase, dita por um favelado a uma assistente social, se referia ao trabalho de obtenção de moradia.

Essas relações de poder legitimadas pelas relações pessoais levaram também a aparecer de maneira muito mais clara o caráter ideológico da atuação profissional.

Este caráter ideológico é uma forma de ocultação, mas também de inversão das relações de poder em relações pessoais. A própria prática do relacionamento pessoal faz com que as relações de poder e exploração apareçam como relações pessoais. A ênfase do trabalho do Serviço Social se fazia, então, no sentido de levar a clientela a envidar mais esforços para sair de sua problemática. A figura do assistente social aparecia apenas como um apoio psicoemocional e financeiro para um "pequeno avanço" em uma situação de deficiência.

A situação problemática aparecia então como excepcional e anormal, isto é, como patológica, como uma exceção. Este caráter reparador da ação profissional trazia ao profissional uma certa satisfação, compensando as frustrações de não poder atuar em uma perspectiva globalizadora.

Esta reflexão a partir do trabalho concreto e abstrato do assistente social foi levando a novos impasses. Assim, o empreguismo, a burocracia e o paternalismo começaram a ser mais profundamente questionados. Viu-se então a necessidade de repensar as mediações da atuação profissional numa perspectiva mais global, a ponto de situá-las no contexto do Estado capitalista.

3. As mediações globais no Estado capitalista

Sendo o Estado o maior empregador dos profissionais de serviços, não só no âmbito aqui analisado, mas da saúde, da educação e da previdência, a compreensão do caráter do Estado capitalista levou a repensar a prática profissional.

Mas a reflexão sobre o Estado capitalista ficou, por um lado, voltada apenas para a lógica da acumulação. A vinculação estreita entre acumulação de capital e intervenção estatal levou a uma consideração do processo de acumulação ampliada, apenas de caráter genérico, sem ter-se em conta a história do Estado em cada país latino-americano.

Por outro lado, algumas contribuições importantes sobre a história do Serviço Social, promovidas pelo Celats (veja-se a história do Serviço Social na Argentina, no Brasil, Uruguai e Peru), vêm mostrando a necessidade de situar historicamente o processo de acumulação.

A lógica da acumulação e da dominação não são processos lineares, rígidos, estandartizados, mas as próprias relações de classe e de força são processos estruturais que condicionam o processo de acumulação.

A reflexão sobre este processo de acumulação levou a considerar o Serviço Social como uma forma de reprodução do capital através da reprodução da força de trabalho. As condições sociais em que se repõem as energias do trabalhador foram vistas como forma de manter e acelerar o processo de acumulação. A lógica da acumulação passou a ser vista nos mínimos detalhes da vida cotidiana, e em realidade ela aí está presente. A questão é vê-la como um processo contraditório e não como um complô ou fruto de uma fusão íntima entre Estado e capital.

O processo de acumulação na América Latina vem se modificando qualitativamente e reforçando a presença hegemônica do capital multinacional. Este capital se apresenta principalmente sob a forma tecnológica e financeira, sem mais preocupar-se de maneira tão estreita com a propriedade das próprias empresas industriais.

As condições de valorização do capital têm se modificado e a atuação das multinacionais se ampliou para formar grandes conglomerados que implicam em sua presença simultânea em todos os setores de produção, circulação e financiamento do capital.

As formas desenvolvidas pelo processo de acumulação nas áreas chamadas do social vêm utilizando três formas de intervenção.

Em primeiro lugar, a lógica da acumulação se manifesta pela mercantilização dos serviços sociais. A atribuição de benefícios, de bens ou de serviços se desenvolveu no processo capitalista como uma forma de socialização de certos custos comuns aos próprios capitalistas. Neste sentido, ver a análise feita no meu livro sobre política social. Esta mercantilização implica a transformação de situações de perda de capacidade de trabalho em fontes de lucro. Isto se vê, por exemplo, na compra e venda de serviços de saúde, na compra e venda de seguros sociais, na compra e venda de educação, na compra e venda de informações, e de forma bastante direta. Em relação aos seguros, o beneficiário paga previamente sua aposentadoria ou serviços médicos ou outros benefícios que venha a obter.

Assim, a prestação de serviços pelo Estado se torna uma forma de socialização de certos custos, eliminando-se a concorrência entre empresários e diminuindo os custos de produção. A Previdência Social se torna uma forma de criação de um novo mercado, mas controlado pelo próprio Estado, em que o segurado paga indireta ou diretamente pelos serviços e benefícios que venha a usufruir. Nesta área atuam muitos assistentes sociais e numa lógica, ao mesmo tempo, de fichamento dos usuários e de fiscalização.

Para usufruir desses direitos especiais é necessário que a lógica da equivalência penetre nas próprias relações de fichamento e fiscalização da clientela.

Para que todos os indivíduos tenham acesso ao mesmo benefício ou serviço é preciso reduzi-los aos mesmos critérios. Assim, se define o acesso à habitação, ao seguro, pela sua capacidade de pagar ou não este serviço. O serviço ou o seguro se torna um meio de discriminar e ao mesmo tempo de incorporar benefícios. Os programas habitacionais são oferecidos por faixa salarial, os seguros são vendidos segundo o nível de salário e a posição na produção.

Para comprar ou vender um serviço é necessário que o trabalhador venda sua força de trabalho.

Esta lógica das equivalências institucionais foi ressaltada por Lourau em seu texto sobre análise institucional e socioanálise, e também por Henri Lefèbvre, em seu texto sobre o Estado. Lefèbvre chama a atenção para a própria lógica identitária que predomina nas instituições, seguindo indicações do próprio Castoriadis. Identificar e repetir seriam as formas de manter o próprio processo de dominação enquanto garantia de uma equivalência necessária à mercantilização.

A equivalência se opõe ao critério utilizado na prática profissional tradicional, que parte da noção de que cada caso é um caso, escondendo esta situação abstrata da própria prática.

Outra forma pela qual o Estado incorpora os serviços sociais é através da obrigatoriedade de uma poupança compulsória. Esta poupança permite o desenvolvimento do capital financeiro e os programas chamados sociais servem de instrumento para aumentar o nível de poupança. Essa arrecadação obrigatória, através de contribuições para a grande quantidade de fundos controlados pelo Estado, servem ao mesmo tempo para financiamento de grandes projetos e não voltam necessariamente à população.

O profissional passa então a atuar na fiscalização destes fundos e na fiscalização dos próprios bens adquiridos pelos usuários.

Estas formas de acumulação se vinculam a formas de dominação que são autoritárias. Na América Latina, a tendência ao autoritarismo faz com que estes processos de mercantilização e de poupança obrigatória venham de cima para baixo.

O Estado absorve a própria sociedade civil e retira desta seus mecanismos de representação e seu poder de mobilização. As grandes decisões políticas tornam-se cada vez mais centralizadas, tornam-se controladas pelo bloco do poder através de formas de dominação autoritária.

Mas, na prática cotidiana, parece que a lógica da equivalência se desfaz, visto que certos benefícios e certos direitos são concedidos pelas relações pessoais e paternalistas.

O paternalismo consiste na manutenção ou na distribuição de um direito como se fosse um favor, obtendo-se em troca a lealdade do indivíduo. A distribuição de casas, de benefícios e de serviços que são pagos pelo trabalhador é obtida através de uma rede pessoal de relações que fazem com que a obtenção destes benefícios leve ao agradecimento daquele que os obtém àquele que os outorga.

Assim, as relações pessoais parecem predominar sobre relações mais gerais, o que faz com que se dilua a mobilização por estes mesmos direitos.

No entanto é necessário considerar outras múltiplas formas de gastos improdutivos do Estado para atender às necessidades indispensáveis à valorização do capital, mas que não são necessárias à produção de mais-valia.

Uma série de programas temporários, específicos, regionalizados e mesmo controlados por caciques políticos, são ainda instrumentos da intervenção do Estado e neles se empregam também assistentes sociais.

A reflexão sobre essa multiplicidade de formas de atuação do Estado capitalista leva à reflexão sobre as políticas sociais e sobre a intervenção profissional num contexto muito mais globalizador.

4. A gestão da vida cotidiana

A ideologia distributivista sob à qual se apresentava o Serviço Social vem desaparecendo nas novas relações que o Estado e os monopólios vão estabelecendo com a população no seu conjunto.

A tecnologia, a necessidade de mais-valia relativa vão produzindo um duplo efeito: primeiro, o aumento da produtividade e, ao mesmo tempo, a diminuição da absorção da mão de obra e formação de uma superpopulação relativa cada vez maior.

No momento desenvolvimentista e populista parecia que o próprio crescimento iria absorver o grande contingente populacional. Hoje em dia a lógica do crescimento está em crise, principalmente no capitalismo periférico. As grandes obras de infraestrutura desenvolvidas pelo Estado absorveram quantidades ciclópicas de recursos e o processo de concentração de renda e de poder levou a uma pauperização cada vez maior da população.

As camadas sociais do próprio proletariado estão ou foram distinguidas segundo o processo de sua incorporação nos distintos setores da economia. Para obter mais recursos o Estado está necessitando transformar a população toda num exército de contribuintes, por um lado, e de produtivos, por outro. Mas, para manter este processo, é necessário não romper tampouco sua legitimação.

O cidadão se torna contribuinte mas, pelo autoritarismo, não tem o direito de controlar a própria aplicação de seus tributos e os serviços prestados pelo Estado vão se tornando cada vez mais caros.

Aumentam-se constantemente os preços dos serviços públicos e as contribuições, e o indivíduo da América Latina trabalha ao mesmo tempo para a empresa e para pagar os tributos do Estado. Seu orçamento é cada vez mais absorvido pelas imposições compulsórias do Estado. Se a empresa produz ao mesmo tempo o objeto e o próprio trabalhador, a intervenção do Estado vem produzindo o pagador de impostos.

Estas novas relações do Estado com a população e sua intervenção na vida cotidiana exigem também um contingente amplo de funcionários que devam controlar e fiscalizar estas contribuições.

Mas a fiscalização recai sobre o cidadão e não sobre as próprias condições que geram o problema.

5. Os movimentos sociais e as novas mediações

As reações a esta intervenção do Estado na vida cotidiana vêm sendo desenvolvidas por novas e velhas organizações populares que tentam mediatizar uma ação política para intervir e modificar as condições em que se relacionam com o próprio Estado. As organizações populares que vêm se desenvolvendo para reagir às políticas sociais colocam em questão não só estas políticas a curto prazo, mas seu processo de transformação a longo prazo.

Sem considerar estas mediações é impossível ver uma saída para a atuação profissional de acordo com o que apresentamos anteriormente.

As próprias políticas sociais, ao classificar a clientela, ao mercantilizar os serviços, ao obrigar certos tipos de contratos e de critérios, ao determinar a quantidade e a qualidade dos serviços, criam condições para uma mobilização, um questionamento, um agrupamento da população.

A intervenção leva a uma categorização, mas a categorização determinada pela política social é ao mesmo tempo um fator de conflito e de reação à intervenção do Estado.

As relações da política social com a população são relações de força, são relações em que o processo de acumulação é questionado, direta ou indiretamente, de forma manifesta ou velada, através de movimentos implícitos ou de resistências cotidianas.

As reações explícitas se manifestam através de organizações mais ou menos combativas que criticam, protestam, reagem, combatem, propõem alternativas à intervenção do Estado.

As resistências cotidianas se traduzem em formas de burlar a aplicação das normas, em incluir pessoas não previstas nos critérios preestabelecidos, em baratear as formas de acesso, em permear os espaços definidos previamente com contrapoderes que rearticulam certos critérios.

A própria intervenção do Estado não é monolítica. O Estado é uma condensação de forças e as mediações realizadas por ele são relações e não suportes (*rapports* e não *supports*).

As intervenções do Estado e a própria situação objetiva dos indivíduos não são apenas suportes rígidos de uma estrutura independente de sua vontade. As ações estatais são relações, isto é, são processos de enfrentamento, de conflitos, não de indivíduos isolados, mas de forças que se estruturam, se organizam e se mobilizam de forma diversificada.

Assim, a compreensão da intervenção do Estado vem se modificando na prática cotidiana dos assistentes sociais. Um dos conceitos mais utilizados atualmente é o de "espaço" no trabalho.

O espaço de assalariado, subordinado, legitimador, atribuído por uma teoria e uma crítica à atuação profissional, hoje é retomado também como um espaço de luta, um espaço de conflito, um espaço de ação.

Este espaço é entendido como relação. Não há espaço homogêneo e preexistente, mas ele é criado e retomado conforme cada conjuntura.

A separação rígida entre estrutura e conjuntura levou a ver a atuação profissional apenas como uma intervenção conjuntural nas relações pessoais e não como uma relação de força, que é ao mesmo tempo dinâmica e contraditória.

A relação do profissional no processo de intervenção do Estado, na mediação estatal, é vista de maneira contraditória, possibilitando ao mesmo tempo um reforço do processo de acumulação e dominação, como um reforço e uma contribuição ao fortalecimento das organizações populares.

Este é o dilema que vem enfrentando atualmente grande número de profissionais que sabem que trabalham em uma instituição, num contexto institucional capitalista e autoritário, e ao mesmo tempo optaram por dar uma contribuição ao fortalecimento das organizações populares.

A articulação entre o trabalhador profissional contratado para a manipulação de recursos imediatos, o relacionamento psicossocial e o fortalecimento das organizações populares é o grande desafio que hoje se coloca aos trabalhadores sociais.

O saber profissional, a competência legitimada pela instituição serve ou tem servido justamente para deslegitimar e desmobilizar as organizações populares. O processo de conhecimento é, pois, uma relação de força. A preocupação é de que este conhecimento profissional venha a servir à produção de conhecimentos por parte das organizações populares.

O povo sabe de forma diferente do profissional. O povo produz seu conhecimento em outros códigos. E o código do profissional é que é legitimado. A própria ideia de sistematizar conhecimentos e devolvê-los à população é hoje questionada, pois essa devolução se faz no código daquele que devolve e não no código daquele que produz.

A manipulação de recursos se coloca como um critério de saber. O desafio da atuação profissional é desenvolver mediações que levem ao controle democrático desses recursos institucionais pela própria população.

A modificação da relação de forças, a criação do contrapoder é considerada hoje um processo complexo e não mais uma forma maniqueísta de lutas de classe contra classe, de maneira rígida. A atuação ao nível do cotidiano implica as relações de classe mediatizadas por mecanismos, processos, lugares e estratégias extremamente complexas.

O reforço e o fortalecimento das organizações populares implicam também a reconsideração dessas mediações e daí a necessidade de uma análise dos processos específicos, das correlações de força em cada instituição, em cada local de trabalho, para que se produzam efeitos da ação profissional tanto no nível institucional como no das organizações populares.

A prática profissional se torna cada vez mais complexa e não pode mais ingenuamente ser reduzida a entrevistas, reuniões e visitas e nem a um militantismo partidário sectário. Ela se torna um saber estratégico. Ela se torna um saber tático. Um saber que necessita situar-se num contexto político global e num contexto institucional particular, visualizando as relações de saber e poder da e com a própria população.

Saber utilizar os recursos institucionais em função dos interesses da população vem se tornando um desafio cada vez maior da atuação profissional. Exige-se hoje do profissional não mais uma competência individual, que o marcou outrora como o bom profissional, mas uma reflexão coletiva para saber o momento oportuno de avançar e de recuar na sua estratégia institucional e em relação aos grupos populares.

As estratégias da radicalização a qualquer preço, como a estratégia da acomodação a qualquer preço, já não servem mais nesta perspectiva de compreensão da intervenção profissional como uma relação de forças. O processo de radicalização sem compromissos institucionais é uma visão idealista que não leva em conta a relação de forças em presença e que pode produzir alguns heróis, mas não necessariamente um fortalecimento das organizações populares.

As relações da população com o Estado não podem ser eliminadas por um passe de mágica e mesmo nas sociedades não capitalistas há uma maior relação da população com o Estado. É necessário repensá-las na prática cotidiana como relação de forças e numa perspectiva teórica aberta e capaz de traduzir-se metodologicamente.

Assim, método e estratégia se combinam e se articulam, formando uma unidade teórica e prática indispensável à atuação profissional.

O desenvolvimento das organizações profissionais vem contribuindo para esse posicionamento, que não é estático, mas dialético e articulado em cada situação concreta de forma diversificada.

Tanto o voluntarismo que quer o Serviço Social atrelado às organizações populares a qualquer preço como o idealismo da bondade aparente vêm sendo questionado.

Tanto as visões do Serviço Social como ação benevolente quanto como contrapoder revolucionário estão sendo repensadas e revistas no contexto da complexidade da intervenção do Estado e da mobilização popular. A contribuição de Gramsci tem sido fundamental para esta visão. Mas é necessário não torná-lo um autor da moda como o foram Mao Tsé-Tung, Lenin e Althusser em outros momentos, mas utilizar também seu pensamento de forma estratégica e tática.

Capítulo 2
Espaço institucional e espaço profissional*

Uma das críticas ao movimento de reconceituação foi a de abandonar, de certa forma, a consideração do trabalho institucional do Serviço Social. Uma atenção especial foi outorgada ao processo metodológico, esquecendo-se o contexto da prática da maioria dos trabalhadores sociais latino-americanos. Preocupou-se com o processo metodológico do conhecimento, sem uma análise da produção desse mesmo conhecimento. Nas escolas de Serviço Social voltou-se para a realização de práticas extrainstitucionais. Este fato punha em contradição os campos de prática com os campos profissionais.

Essas contradições, entre outras, têm propiciado uma série de questões entre os trabalhadores sociais: a reconceituação, afinal, não passa de um movimento puramente acadêmico desvinculado da prática predominantemente institucional?

O livro *Desafío al trabajo social* (1974) coloca essa questão. A impressão causada por esse livro heterogêneo é que, para a maio-

---

* Publicado em *Serviço Social & Sociedade*, v. 1, n. 1, set. 1979.

ria dos autores, a reconceituação não passa de uma etapa romântica conduzida por intelectuais acadêmicos.

A reconceituação é criticada nos seus próprios termos, acusada de desvincular-se da prática reconceituada nas instituições. Essa crítica esquece que a prática reconceituada implica uma transformação das relações profissionais nas instituições.

Só a crítica, como sabemos, não pode mudar as instituições. São necessárias uma nova correlação de forças e uma estratégia capazes de implementar a mudança. Mas nem todos estão dispostos a isto.

A principal falha do movimento de reconceituação talvez tenha sido a de superestimar a força da crítica, sem ter em conta as resistências ao processo de mudança institucional.

Assiste-se atualmente a uma preocupação com o problema da institucionalização e da ação profissional. Este fenômeno se observa em áreas distintas: medicina, psicologia, Serviço Social (Souza, 1979). Mas não é só isto. A preocupação com a prática institucional veio a ser uma nova tônica, uma tendência que se opõe ao movimento de reconceituação. Aceita-se que os trabalhadores sociais estão confinados, por definição, a este tipo de prática.

O movimento reconceituador busca uma profunda vinculação com os movimentos sociais e as lutas populares, criticando a ineficácia e o caráter adaptativo da ação profissional frente aos problemas sociais.

Segundo Diego Palma (1977), a reconceituação se desenvolveu nos países de maior crescimento econômico e de maiores lutas sociais. Seu estudo se fez a partir dos trabalhos apresentados nos congressos do ISI e não mostra o conteúdo mesmo deste movimento.

As análises das práticas "reconceituadas" salientam, antes de mais nada, a ideia do compromisso da ação profissional com os movimentos e lutas das classes dominadas. Por exemplo, na Escola de Serviço Social da Universidade Católica de Valparaíso os campos de prática estavam definidos em função das forças sociais de transformação: operariado, campesinato e populações marginais urbanas.[1]

Essa tendência vem sendo debatida e rejeitada no interior de muitas escolas em que as práticas são institucionalmente organizadas: menores, empresas, saúde etc.

Na perspectiva tradicional o currículo é definido em termos de métodos de caso, grupo, comunidade, planejamento e administração. O Serviço Social é visto como uma tecnologia, ficando a teoria relegada aos cursos básicos de Sociologia, Economia e Política.

Para a maioria dos profissionais a reconceituação não passou de um epifenômeno. As rotinas e técnicas pouco foram modificadas. A diferença é que as próprias instituições estão se modificando, exigindo do trabalho profissional uma readaptação aos novos requisitos impostos pelo desenvolvimento das forças produtivas.

Por paradoxal que pareça, não são os trabalhadores sociais que estão provocando as mudanças institucionais mais significativas. São as novas políticas exigidas pelo processo de modernização que estão impondo novos padrões de eficácia e eficiência. Não se deve entender modernização como uma evolução autônoma, mas como resultante do processo global das contradições sociais.

As instituições "modernizadas" buscam a eficácia pela otimização da relação objetivos-meios e a eficiência pela maximização da relação custos-objetivos. As crises de recursos e as crises políticas propiciaram o ambiente para estas modificações.

---

1. Para Maria do Carmo Brandt de Carvalho Falcão (1979, p. 24), "o Serviço Social se coloca como instrumento institucional, constituído pelo aparato estatal, para oferta de certos bens e serviços que visam garantir condições mínimas de subsistência. Concretamente, presta ou indica serviços e propicia bens a nível da satisfação de necessidades e de abrigo, alimentação, saúde, emprego etc."

A preocupação com o trabalho institucional tem um duplo aspecto: em primeiro lugar, reafirma a prática estabelecida, numa reação ao movimento de reconceituação e, em segundo, uma adaptação à prática de modernização.

Nessa conjuntura global e específica várias estratégias de ação se abrem e se confrontam. Sua apresentação será objeto da última parte deste artigo. Antes, porém, cabe uma análise das funções globais das instituições no contexto das políticas sociais.

1. Espaço político das instituições sociais

As instituições sociais são organizações específicas de política social, embora se apresentem como organismos autônomos e estruturados em torno de normas e objetivos manifestos. Elas ocupam um espaço político nos meandros das relações entre o Estado e a sociedade civil. Elas fazem parte da rede, do tecido social lançado pelas classes dominantes para amealhar o conjunto da sociedade.

Mesmo quando privadas, as instituições são reconhecidas pelo poder público, ou recusadas por ele. Elas se organizam como aparelhos das classes dominantes para desenvolver e consolidar o consenso social necessário à sua hegemonia e direção sobre os processos sociais.[2] As classes dominantes necessitam do consentimento das classes dominadas para exercer sua hegemonia.

---

2. Estamos de acordo com Madel T. Luz (1979, p. 30), quando fala das instituições como modos de poder de um modo de produção social, como micropoderes, núcleos do poder central, como práticas de dominação, como "um conjunto articulado de *saberes* (ideologias) e *práticas* (formas de intervenção normalizadora dos diferentes grupos e classes sociais)". Nossa ênfase é nos aspectos fragmentadores das instituições sobre as classes dominadas. Para nós os saberes e práticas são formas ideologizadas de ação. A ideologia não reside somente no saber.

A capacidade de direção e hegemonia das classes dominantes se mantém por intermédio de uma série de trincheiras, de casamatas na sociedade civil. Por intermédio delas certos sacrifícios imediatos podem ser consentidos pelas classes dominadas (Anderson, 1978) sem que a dominação e a acumulação sejam afetadas no essencial.

As instituições não são um simples fenômeno superestrutural. São organizações transversais a toda a sociedade. Elas aparecem como mecanismos reguladores das crises do desenvolvimento capitalista em todos os níveis. Mesmo distantes de uma empresa, elas podem "compensar" desequilíbrios do processo produtivo. No interior de uma empresa produtiva, a institucionalização dos serviços sociais está vinculada ao processo político global do desenvolvimento das condições da acumulação do capital.

Em contraposição, as instituições se mostram aparentemente preocupadas com o bem-estar da população, com uma cara humanista. Esta face é uma das condições de sua aceitação pelas classes dominadas.

A face humanista esconde também o uso da violência, pela busca do consentimento, da aceitação, numa série de mediações organizadas para convencer, moldar, educar a compreensão e a vontade das classes dominadas.

Nessa mediação predominam os mecanismos ideológicos e profissionais para cooptar as insatisfações geradas pela vivência dos problemas cotidianos.

Isto não quer dizer que, no interior das instituições e em suas funções, não exista coerção. Esta se exerce de forma social, moral e psicológica, utilizando as pressões decorrentes da situação de autoridade, disciplina e conhecimento.[3]

---

3. *Cognoscere est dominari* [conhecer é dominar] (Bacon).

A autoridade profissional pode impor ao cliente, "à pessoa que busca a atenção para um problema", a análise (diagnóstico) e a solução que o profissional encontra no regulamento e no seu saber técnico. O cliente é posto numa condição passiva. Se não aceita as normas, é excluído dos "benefícios" possíveis. Se se integra às normas da instituição é socialmente excluído, é cliente institucionalizado, marcado pelas etiquetas profissionais, e às vezes confinado pela mesma instituição (Virilo, 1972; Broboff e Luccioni, 1972).

A instituição se torna uma patrulha ideológica da vida pessoal e social do cliente. Este controle se realiza através de entrevistas, visitas, fichários, documentos, interrogatórios. Tudo é vasculhado, despossuindo indivíduos e grupos de si mesmos, colocando-os à mercê de quem controla a informação sobre eles e influencia preponderantemente suas decisões.

A exclusão e a categorização institucionais se fazem em nome da normalização. Essa é a teoria que predomina em algumas instituições de Quebec (Canadá) em relação a várias categorias de clientes: eles devem viver como os demais. Aceita-se a sociedade e a ordem estabelecidas como normais. Para os que não podem viver, consumir, produzir segundo esta ordem, criam-se mecanismos especiais de integração ao sistema de produção-consumo existente, por intermédio da institucionalização de certos serviços.

Esses mecanismos tornam os serviços e mercadorias acessíveis a uma clientela especial. Essa mercantilização dá a ideia de uma normalização do acesso a certos bens e serviços no mercado. Trata-se de um mercado especial para os que são excluídos da produção e do consumo e por isso mesmo os exclui cada vez mais. São as casas populares pequeninas, os bônus para transporte, os bônus de alimentação, os asilos de velhos.

As instituições são veículos dessa mercantilização de bens e serviços, transformando as relações sociais em relação de compra e venda nos domínios da educação, da saúde, do albergue. A saúde é profissionalizada e comprada. O Estado "financia" então essa categoria especial para que possa ter o acesso a esse mercado especial. O que realmente se torna "normal" para essa categoria é o processo de poder comprar e vender, do qual estão ou estavam praticamente excluídos. Com o financiamento do Banco Nacional de Habitação algumas camadas da população podem "comprar" suas casinhas, mas ficam confinadas a elas. Vários guetos sociais são assim criados.

As instituições, como instrumento de políticas sociais, estruturam-se em função de *categorias* especiais de clientela, que variam segundo o contexto econômico, social e político.

Essas clientelas se formam segundo o problema que apresentem para as classes dominantes num momento determinado: ora os mendigos (perigo social, desestímulo ao trabalho), ora os menores (indisciplina social), ora os doentes (enfraquecimento da mão de obra), e assim por diante. Ao separar em categorias esses conjuntos ou camadas da população, esconde-se sua realidade profunda, isto é, sua pertinência às classes dominadas: operários, camponeses, marginais e vastos setores dos trabalhadores autônomos.

Quando a indigência, a desnutrição, a velhice, a delinquência ou outras formas de "desvio" e anomalias sociais aparecem como ameaça à ordem estabelecida, organizam-se instituições de assistência, de proteção, de recuperação, de seguros sociais.

A ameaça às classes dominantes pode ser caracterizada fundamentalmente em duas ordens: ameaça à reprodução da força de trabalho e ameaça à paz social.

A reprodução da força de trabalho, sua manutenção durante o processo produtivo, sua procriação e manutenção fora do processo de trabalho dependem do salário. As condições precárias de remuneração e a exclusão do recebimento de um salário (marginalização) põem em risco a subsistência mesma dessa força, de sua produtividade e, portanto, o processo de acumulação do capital.

Esse processo de acumulação depende fundamentalmente da exploração da força de trabalho, produtora de mais-valia.

A disponibilidade de mão de obra, sua resistência física, sua motivação são condições da acumulação, que não podem ser satisfeitas exclusivamente com o pagamento de salários.

As instituições de creches, programas habitacionais, serviços para velhos, menores e outros assumem os custos sociais globais da reprodução da força de trabalho não pagos diretamente aos assalariados, e não extraídos diretamente deles.

Os problemas que afetam o *conjunto* das classes dominadas são parcializados, abstraídos, analisados, separados, classificados por categorias, que fragmentam estas classes em setores de velhos, menores, acidentados etc. Aparentemente, nega-se a existência de classes sociais para evitar uma possível consciência de classe.

As classificações técnicas e profissionais justificam e consolidam esta fragmentação política. Tipifica-se a clientela ainda mais, seja por suas características físicas, psicológicas ou sociais.

A atuação profissional torna-se subsidiária da ação política. É uma tática mais ou menos eficaz segundo as exigências impostas pelos objetivos a alcançar e pelo grau de insatisfação ou satisfação da clientela.

Uma categoria, um grupo ou uma classe social representam o outro tipo de ameaça às classes dominantes, a que anteriormente nos referimos, quando perturbam a ordem social.

A perturbação da ordem social, percebida pelas classes dominantes como ameaça, gera instituições para o controle, a circunscrição e a diminuição do problema. Às vezes confunde-se o desaparecimento dos problemas com a exclusão das pessoas do seu meio social. As prisões e certos internamentos dão conta disto.

As instituições, na sua função de controle social, realizam formas de recuperação e de distensão social por intermédio da divisão dos clientes e dos problemas, do adiamento das soluções, do oferecimento de respostas simbólicas e parciais.

As pressões sociais são transformadas pela ordem institucional num problema específico, que deve ser tramitado hierarquicamente (de chefe em chefe), num determinado prazo de tempo e de acordo com a disciplina instituída. As sugestões e as consultas são às vezes feitas aos elementos mais combativos, buscando-se esvaziar suas reivindicações pela colaboração oferecida.

Os procedimentos burocráticos estabelecem um roteiro rígido de atuação que possa ser bem controlado desde cima, de cima para baixo. O planejamento e a programação permitem e obrigam cada vez mais a esse controle interno, transformando a disciplina em uma questão de competência, de avaliação, de eficácia. O modelo industrial penetra todos os setores institucionais.

Recentemente os sindicatos de enfermeiros de Quebec denunciaram esse modelo a ser introduzido nos hospitais pelo controle de tempos e movimentos. Cada ato de enfermagem é medido: o tempo de assistir ao doente, o tempo de dar-lhe comida, o tempo de dar-lhe banho, o tempo de conversar com ele.

Esse controle interno e o controle sobre os problemas objetivam a diminuição das tensões e conflitos sociais. Talvez seja este também o objetivo do Serviço Social: pela escuta, pela paciência, pelo estudo, pela comunicação pessoal, o problema é desaquecido e uma solução dentro da ordem pode ser visualizada. A desagregação social é evitada, o elemento contagioso isolado, a espiral de pressões desarticulada.

A ordem social e a "paz social" propiciam as condições necessárias para que o processo de acumulação do capital não seja ameaçado pela perturbação das relações sociais de produção, para que a propriedade dos meios de produção não seja ameaçada.

Uma condição da possibilidade da estabilidade social (tão decantada pelos investidores) é a legitimação e a aceitação da ordem estabelecida. Essa legitimação se cimenta no discurso ideológico e nos aparelhos de integração social pela distensão e canalização das demandas.

Quando o sistema é incapaz de absorver as demandas, aspirações e reivindicações, as pressões sociais tornam-se mais ameaçadoras, podendo visar não uma parte a ser modificada, mas o sistema em seu conjunto.

As classes dominantes necessitam de canais institucionais para dar vazão às demandas das classes dominadas, apaziguá-las e controlá-las. Toda a gama de carteiras e fichas para o exercício de qualquer atividade serve de controle e seguimento das atividades das classes trabalhadoras.

As instituições desenvolvidas nos países democráticos apresentam canais mais sofisticados para absorver e amortecer os conflitos sociais, como as comissões de inquérito, as audiências das partes em litígio, a confrontação de posições. Os funcionários aparecem como árbitros de uma situação conflitiva.

Já nos Estados autoritários impedem-se e negam-se os conflitos. Não há possibilidade da representação das pressões, resolvendo-se os conflitos em base à autoridade e ao desafogo dos problemas mais imediatos, de forma paternalista.

É em base ao processo de aceitação da autoridade legal e da autoridade profissional que se realiza a legitimação capaz de esvaziar as pressões. Como os problemas são concorrentes e recorrentes, crescem na medida em que há uma atenção institucional imediata.

Quando, porém, as pressões se manifestam por intermédio de organizações mais ou menos fortes das classes dominadas, o processo de resposta e controle das mesmas pode assumir formas mais políticas. Mudanças nos sistemas político-eleitorais de escolha de candidatos, de organização de partidos e nas leis de repressão servem ao controle dos movimentos sociais e a sua repressão.

No caso de fortes pressões políticas, as classes dominadas se organizam como classe, recusando suas fragmentações. As instituições de política social são então incapazes de absorver essas pressões, que são transferidas à área da política de Estado.

2. A Dialética das mudanças institucionais e suas formas pré-capitalistas e capitalistas

As instituições de política social são limitadas a duas grandes categorias de clientela: os "inaptos" ao trabalho e os "inaptos" sociais. A inaptidão ao trabalho resulta da falta de condições da produtividade da mão de obra: saúde deteriorada, educação deficiente, mortalidade, idade avançada. A inaptidão social resulta das condições psicossociais da mão de obra: quando manifesta insatisfação e quando faz pressões sociais (o que é considerado desvio social).

No processo institucionalizado de "readaptação social" diferentes profissionais, exercendo distintas funções, não formam um bloco homogêneo. Divergências entre administrados e administradores, entre categorias profissionais, transformam esses lugares em campo de competição e luta. Os profissionais defendem sua autonomia de ação contra os burocratas que querem aumentar os controles e as padronizações. Os diferentes profissionais lutam entre si pelo controle do poder e dos recursos. Frente à clientela, lutam pelo controle do atendimento.

Situadas no "interior dos muros", essas lutas, às vezes ferozes, pouco transparecem e o poder interno passa a ser um objetivo estratégico. Os problemas da conquista desse micropoder tornam-se mais importantes que os problemas dos clientes.

Essa confrontação e essa burocratização transformam as instituições em "fins em si mesmas", com formas específicas de reprodução de suas normas e funções. A clientela se transforma em "meio" para a realização profissional, a conquista do status e do poder. Estas contradições colocam as instituições em choque com a sociedade em seu conjunto, com as classes dominadas, com o Estado, obrigando-as a mudar seus mecanismos de legitimação e controle.

Pelos relatórios anuais pode-se observar esse processo variável de autojustificação. As metas foram sempre alcançadas, os problemas resolvidos, as dificuldades superadas, a clientela satisfeita, os recursos bem utilizados, os métodos os melhores possíveis.

Estas lutas "internas" e os conflitos "externos" (sabendo-se que uns e outros se interpenetram) fazem das instituições processos dinâmicos. Elas não são respostas mecânicas aos tipos de ameaça acima enumerados e ao processo de acumulação do capital. Os problemas pastos por essa evolução não são lineares e distintas formas de instituições se superpõem e se combinam.

Na América Latina, assim como em Quebec, ainda encontramos instituições voltadas ao puro assistencialismo, como as sociedades São Vicente de Paula. São formas "arcaicas" de política social. Se assim falamos é para facilitar a compreensão e não uma adesão à razão dualista que separa o moderno do tradicional, o pré-capitalista do capitalista.

Essas instituições "pré-capitalistas" têm origem no sistema feudal de favores pessoais envoltos pela ideologia da caridade, do voluntariado, da boa vontade, veiculada pela Igreja Católica.

A ajuda é prestada numa base discricionária, pessoal, caso por caso, não raro fundada numa apreciação de bom comportamento e num julgamento moral. Os critérios de seleção de clientes não são fixados em lei, não há direitos constituídos, não há obrigações estabelecidas. O arbitrário das decisões se reflete no atendimento de um e na exclusão de outro às mesmas condições. Por exemplo, a seleção econômica em hospitais classifica os pacientes segundo seu grau de pobreza e suas economias.

Nos regimes populistas, baseados numa relação pessoal de um chefe com as massas (criando-se uma situação difusa entre as classes dominadas), na eliminação e no esvaziamento dos conflitos pela ideologia da colaboração e pela dissolução das organizações autônomas das classes, florescem estas formas de assistência, implantadas de cima para baixo. Nas instituições predominam as figuras dos "doadores", simbolizados pelas figuras das esposas dos presidentes, governadores e prefeitos.

A atribuição de recursos é aleatória, assim como a clientela. Esta depende do grupo a cooptar e controlar e os recursos aparecem como favores: num ano cobertores, no outro arroz, no outro nada. Aparecem como um ato de doação, e o recebedor deve colocar-se na posição de quem possui um privilégio que lhe vem do alto.

Em realidade, essa "doação" situa-se na política de incentivo ao mercado de trabalho, já que é sempre inferior ao salário mínimo e não oferece melhores condições que a dos assalariados. É o princípio da *less eligibility**: os que não trabalham devem ter condições inferiores aos que trabalham, forçando-os assim a buscar emprego.

Essa política aparece, entretanto, como doação, legitimada pela caridade. A intermediação entre a instituição e a clientela envolve táticas de comunicação impregnadas de manipulação.

Nas empresas familiares o paternalismo patronal pode aparecer como o doador de creches, serviços, escolas. No entanto esses dons são descontados dos salários e/ou repassados nos preços (Dean, s.d., p. 166). Nas grandes organizações esses "serviços" já

---

* Situação mais desfavorável.

fazem parte da administração do pessoal para aumento da produtividade ou conquista da lealdade dos trabalhadores.

As instituições "capitalistas", "modernas" (combinadas às outras "arcaicas" e "pré-capitalistas") utilizam a prestação de serviços profissionalizados e burocratizados. Os casos são decididos em base aos conhecimentos profissionais e os problemas são assim profissionalizados. Os acidentes de trabalho são medicalizados, a mortalidade, as desavenças, as carências são "serviços socializados", culpando-se o cliente de sua situação e não vendo as implicações globais da problemática.

A atuação profissional ocupa os espaços deixados pelos voluntários e práticos, mas os profissionais são por sua vez "desprofissionalizados" pelo regime salarial a que são submetidos, pelo controle burocrático, pela especialização de funções.

A rapidez, a eficiência, a especialização, o atendimento quantitativo da clientela e uma certa melhora na sua qualidade favorecem as novas condições do mercado de trabalho: produtividade, circulação rápida, adaptação às mudanças tecnológicas.

Ao mesmo tempo a nova camada de profissionais assalariados vai ocupando certo espaço de decisão e de controle.

Estas instituições "modernas" correspondem a uma etapa de desenvolvimento mais ampla das forças produtivas e não raro a um modelo desenvolvimentista. Este visa incentivar a modernização por intermédio de subvenções públicas, para permitir a "igualdade de oportunidades".

As instituições se tornam veículos para mediatizar essa "igualdade" pela integração ao modo industrial-urbano-consumidor das populações consideradas marginalizadas, desintegradas, desfavorecidas.

O trabalho profissional de informação, encaminhamento, terapia, planejamento, animação, destina-se à reintegração da mão de obra às novas exigências da acumulação do capital, baseadas no avanço tecnológico.

A ideologia tecnocrática acredita no avanço contínuo do progresso tecnológico e na ação racionalizadora dos processos decisórios sobre as operações de produção e as ações sociais. O uso de orçamentos-programa, administração por objetivos, elaboração de projetos, controle de resultados, substitui paulatinamente a ação arbitrária ou intuitiva na atribuição de recursos.

As novas documentações exigidas da mão de obra e os exames de capacidade física e mental (testes, entrevistas) exigem dos agentes institucionais conhecimentos e estudos mais complexos e especializados.

Entretanto, as lutas sociais não se arrefeceram. Operários, camponeses, donas de casa, partidos populares foram desenvolvendo formas de combate adaptadas às situações políticas democráticas ou autoritárias. As instituições foram assim obrigadas a apresentar modelos reformistas para a educação, agricultura, habitação etc.

Por outro lado, o fracasso das soluções vigentes e as lutas sociais levaram certos profissionais a novas posições de aliança com estas lutas populares, contribuindo para a desmistificação das soluções institucionalizadas.

As formas de assistência e prestação de serviços foram criticadas. Pode-se mesmo falar de uma crise institucional, agravada pela crise fiscal do Estado, que viu seus recursos restringidos pelo aumento dos preços do petróleo.

Esta crise não está isolada; ao contrário, é caudatária das crises no processo de acumulação, mas não de forma mecânica. O desprestígio da educação pública, das instituições de saúde, faz com que se busquem novas alternativas e contribui para a contestação social. O recurso ao Estado autoritário visa ao restabelecimento da "ordem" pela supressão das possibilidades de pressão. Mas mesmo assim tem de restabelecer certas formas assistenciais para garantir a ordem social, como é o caso dos comedores populares no Chile, financiados pelas organizações privadas.

A articulação das formas "pré-capitalistas" e "capitalistas" depende do contexto global e político e pode mesmo assumir uma forma cíclica frente às crises e expansões do processo de acumulação.[4]

3. As formas públicas e privadas

À forma de combinação de instituições "capitalistas" e "pré-capitalistas" articulam-se as formas pública e privada.

Se anteriormente, isto é, nos inícios do capitalismo, o pensamento liberal insistia para que não houvesse intervenção do Estado na ordem privada, em realidade já havia um controle da ordem social por parte do poder público. Mas com o desenvolvimento das forças produtivas, exigindo um comando mais complexo, sobretudo para prevenir crises econômicas e sociais, a intervenção do Estado se fez cada vez mais constante, em simbiose com as formas privadas.

As subvenções públicas, as nacionalizações, foram abrangendo as atividades anteriormente entregues à ação localizada da Igreja ou dos municípios.

Assiste-se a um processo de centralização e de concentração das instituições, com um órgão central controlador e unidades executoras locais ou regionais.

---

4. A tese de F. Piven e R. Cloward (1973) é que as listas de assistidos sociais aumentam nos períodos de crise, para garantir a ordem social forçando os pobres ao trabalho nos períodos de expansão.

Os organismos públicos e privados se complementam mutuamente. Os primeiros, em geral, assumem os serviços não lucrativos, tendo como categoria alvejada as camadas mais pobres da população e assumindo os serviços mais caros, como os equipamentos hospitalares de alto custo. Realiza-se assim uma verdadeira socialização dos custos. As organizações privadas possuem clientelas que podem pagar os serviços prestados, quando não são financiadas diretamente por elas, através dos poderes públicos.

Os serviços habitacionais, de saúde, de educação, combinam os financiamentos públicos, pagamentos particulares, propriedade pública, propriedade privada e intermediários privados.

Os intermediários (hospitais, financeiras, despachantes, escolas) que são financiados pelo poder público têm um mercado garantido por este, que recolhe os fundos globais necessários a seu financiamento de forma compulsória (fundos de garantia por tempo de serviço, contribuições aos seguros sociais, impostos e taxas).

Esta divisão social do trabalho implica não só duplicidade, mas uma divisão qualitativa. Os serviços públicos são, em muitos países, de segunda qualidade, burocratizados, lentos. Os serviços privados aparecem como eficazes e rápidos. Mas, em realidade, há uma complementação. Uns dependem dos outros para certos serviços. A tendência é a utilização dos setores privados como canais do poder público, como já acontece com os bancos para o recolhimento e pagamento de impostos e taxas.

Assim se mantém um processo de reprodução das desigualdades sociais através dos canais institucionais estabelecidos e de seus mecanismos de funcionamento.

A burguesia dispõe de mecanismos de alta qualidade e eficiência para as questões de saúde, de educação, de financiamento, ficando a pequena burguesia dependente do setor público e privado, e as classes dominadas são relegadas às filas e aos serviços de segunda qualidade. Ainda assim há distinção entre o operariado segurado e a população marginal. O primeiro pode dispor de certos serviços garantidos por direito e a segunda está sujeita ainda ao arbitrário (Faleiros, 1979).

A modernização das instituições, no contexto que acabamos de expor, implica também a "modernização" de seus profissionais e técnicos. Daí a adoção de inúmeras estratégias de administração, planejamento e análise institucional. Os profissionais devem ser capazes de ordenar os recursos, elaborar meios eficazes, alcançar os objetivos propostos pelas instituições.

4. Possíveis alternativas de ação

Não só as instituições são contestadas. Os profissionais, principais atores desses organismos, são colocados em questão e buscam distintas vias para resolver a contradição entre sua situação de autoridade, poder e conhecimento, posições e compromissos ideológicos.

A seguir enumeramos quatro vias possíveis, a partir de experiências já realizadas.

A *primeira estratégia* possível para esses profissionais é de integrar-se no processo de modernização. Trata-se da modernização conservadora, para utilizar a expressão de Barrington Moore (1966); o objetivo estratégico dessa modernização é conservar e manter o processo de atenção institucional categorial-desigual-controlador, mas eficiente, planejado, eficaz.

A esta estratégia parece que se identificam os trabalhadores sociais que, hoje, propugnam por uma volta às instituições, uma volta à prática reconhecida historicamente. Em outras profissões nota-se o mesmo. Basta lembrar as pugnas entre os psiquiatras institucionais, os de setor e os contrainstitucionais.

A principal característica da tendência de modernização conservadora é a de manter a profissionalização, sem engajar-se politicamente, refletindo a ideologia da neutralidade. Mas reforçando e aceitando as funções históricas das instituições na reprodução da ordem e da força de trabalho e as situações de classe pequeno--burguesas.

Uma *segunda estratégia* possível, oposta à primeira, implica a negação do trabalho institucional, criando-se um processo alternativo a partir das lutas e dos movimentos populares. No Chile, por exemplo, durante o governo popular, viram-se profissionais trabalhando junto ao processo de implantação de tribunais populares (*versus* tribunais burgueses), e a uma série de organismos diretamente controlados pela base: creches, restaurantes, urbanização, acampamentos, abastecimento, departamentos autogestionados etc. Junto às populações urbanas trabalhava-se na criação de alternativas de teatro e educação popular.

Nesses casos as decisões profissionais são claramente entrosadas com as decisões políticas, sendo, às vezes, difícil distingui--las, se não houver essa preocupação. O objetivo estratégico dessa alternativa de ação era a constituição de uma força capaz de gerar alternativas particulares e globais de respostas reais aos problemas sociais.

Nesse processo várias tendências estavam em pugna: autogestão, participação, cogestão, estatização, sem que houvesse tempo de sedimentá-las, face ao golpe de 1973.

Uma *terceira alternativa* possível é a contrainstitucional (Lourau, 1977, p. 29). Baseada na corrente contracultural, ela propugna por uma instituição "não institucional". Uma manifestação dessa corrente é a antipsiquiatria. Os serviços são desprofissionalizados, os clientes decidem e participam (os médicos são destronados), os regulamentos modificáveis, os honorários abertos, as punições abolidas. Enfim, ordem, disciplina e hierarquia são postos em questão, mas até que ponto podem sobreviver instituições assim estruturadas? Serão toleradas?

Finalmente, uma *quarta alternativa* visa à transformação da correlação de forças institucionais pela formação de uma aliança, de um compromisso de luta entre técnicos e profissionais e as categorias e grupos das classes dominadas visadas pelos organismos. Trata-se de uma ruptura com a lealdade irrestrita à violência institucional.

Essa aliança se manifesta e se concretiza de formas variadas segundo as possibilidades concretas, por exemplo, utilizando os mecanismos institucionais para incentivar e apoiar reivindicações populares, pondo os recursos à disposição das camadas populares das classes dominadas, contornando os controles e regulamentos.

A instituição passa a ser utilizada em vez de utilizar. Passa a ser utilizada para os fins propostos por certos organismos populares. Mas esta ação depende dos anéis criados no interior mesmo das instituições e da força das organizações populares, capazes de impor, desde fora, compromissos aceitáveis. Assim se complementam a ação de dentro com as pressões de fora.

O processo de reconceituação do Serviço Social não consiste somente numa reflexão abstrata sobre métodos, mas implica a busca de novas formas de atuação a partir de sua própria prática limitada.

Capítulo 3
Serviço Social nas instituições:
hegemonia e prática*

O desafio de enfrentar teoricamente a questão da prática institucional é tão complexo quanto a própria atuação. Já se conhecem as matrizes e os matizes das discussões teóricas sobre a prática profissional, mas os profissionais de campo estão ansiosos por vislumbrar alternativas de ação que se possam viabilizar. É, no entanto, necessário lembrar que viabilização implica conflitos e confrontos de poderes e saberes.

Para descobrir estas alternativas há que se analisar o problema das instituições, do Estado, das classes, das teorias profissionais. Isto é impossível de se fazer com profundidade em um espaço limitado e sem um processo de discussão. Aqui pretendemos esboçar apenas um balanço de algumas contribuições que as recentes elaborações teóricas vêm propiciando sobre o tema, para em seguida voltar a questionar a prática profissional e o objeto mesmo desta prática nas instituições. Visando estimular o debate sobre a

---

* Conferência pronunciada na XXIII Convenção Nacional da ABESS, em João Pessoa, setembro de 1983. Publicado na revista *Serviço Social & Sociedade*, ano VI, n. 17, 30 abr. 1985.

questão que hoje colocam centenas de profissionais: Que fazer numa instituição para responder aos interesses populares sem perder o emprego, "levar na cabeça", e sem cair no assistencialismo e no controle da população?

Parece que estamos diante da quadratura do círculo, mas é necessário, agora mais que nunca, enfrentar e formular questões deste tipo depois de termos ouvido inúmeras vezes as perguntas: Quais as brechas e as alternativas da prática? Qual a perspectiva teórica que possibilita visualizar a mudança do cotidiano nas instituições? As instituições não fazem somente o controle da clientela?

A perspectiva do controle, que define o Serviço Social como tutela e assistência (Souza Serra, 1982, p. 56), gerou ao mesmo tempo a "brechologia", significando que nos meandros da tutela haveria algum descuido das classes dominantes, aos quais o profissional deve estar atento, para aproveitá-los. As brechas são apresentadas como espaços estáticos, como vazios de poder e não como processos de correlação de forças, como a seguir analisaremos. A visão tutelar da instituição, reduzida exclusivamente às normas impostas pelas classes dominantes, não considera os conflitos aí existentes e muito menos a dinâmica social global e contraditória em que as instituições estão inseridas.[1] O caráter disciplinador da instituição foi destacado por Foucault como para tornar os indivíduos instrumentos dóceis e úteis, adestrando (adestramento) seus corpos, esquadrinhando os espaços em que vivem e por onde andam (esquadrinhamento), estabelecendo as séries de atos que devem cumprir (gênese), vigiando suas ações e comportamentos

---

1. Ver nesse sentido o depoimento colhido por Rose Mary Sousa Serra (1982, p. 56). Assim se exprime um depoente num texto pesquisado: "A instituição é uma reprodutora de valores, é uma controladora social e, em última análise, é a garantia da própria existência do sistema vigente, porque ela é basicamente valor, ela é código, ela é lei, ela é norma." Paul Singer afirma que os "Serviços Sociais não integram diretamente o processo de produção, mas desempenham nele funções cruciais de controle" (1978, p. 17).

SABER PROFISSIONAL E PODER INSTITUCIONAL 63

(vigilância) e realizando as anotações, perícias, entrevistas, fichários (exame) sobre eles e, consequentemente, punindo-os (sanção normalizadora) quando não se adequam às normas estabelecidas (Foucault, 1977, p. 125 e 173).

A instituição é vista como o domínio do indivíduo para sua adequação às exigências do poder que sobre ele se estabelece ou, em outros termos, para "manter sobre ele uma coerção sem folga, em funcionamento 'normal' e como força de trabalho a explorar" (Balen, 1983, p. 76).

Apresenta-se assim a instituição como o lugar da disciplina. Esta perspectiva tem a vantagem de destacar o peso específico da norma no contexto social, oferecendo uma compreensão da tecnologia do poder, dos mecanismos de imposição da ordem, da eliminação dos conflitos, da exacerbação da eficiência para a dominação dos indivíduos. No entanto, não enfatiza as lutas sociais, as classes e a relação de forças, o processo de alianças e de negação da sociedade existente. A visão tutelar está associada à prática do Serviço Social como assistência. Entretanto, essa afirmação não pode reduzir à simples relação imediata de prestação de um auxílio, nem à redução da tarefa do assistente social, no capitalismo, à permanente função de compensar carências. A assistência social só pode ser entendida no processo global de produção capitalista, de produção de mercadorias pela exploração do trabalho chamado livre. E no sentido de situar mais amplamente a questão da tutela e da assistência que alinhavamos as reflexões que seguem. No processo de produção capitalista e dado o nível de desenvolvimento da tecnologia, da divisão do trabalho e das lutas sociais que se produzem também as aptidões, as adequações dos indivíduos e grupos ao processo produtivo através da sua seleção e adestramento.

A inclusão, o adestramento, a seleção estão dialeticamente combinados com a exclusão, a separação e a expulsão dos trabalhadores das relações e condições de produção. Hoje os trabalhadores não só não dispõem dos meios de produção de sua subsistência como também dos meios de acesso ao consumo e dos meios de acesso ao emprego. Para a garantia do trabalho hoje é necessária a garantia do emprego, de uma relação de emprego, de contrato em que o trabalhador fica à disposição de outrem. A garantia desse contrato em que o trabalhador aparece como vendedor livre de sua força de trabalho é o fundamento do ordenamento jurídico-econômico do capitalismo. Os empregos e trabalhos são mantidos tanto pelos organismos privados como pelo Estado. A oferta desses empregos vem diminuindo pelas profundas transformações tecnológicas e de monopolização do capitalismo e pelas crises fiscais do Estado, aumentando o número dos excluídos dos chamados meios "normais" de subsistência. As crises cíclicas do capitalismo só agravam esta situação (Faleiros, 1983). Sem empregos compromete-se a própria sobrevivência. Os excluídos não podem ganhar a vida ou a subsistência com os salários provenientes do contrato de compra e venda da força de trabalho, única mercadoria de que dispõe o trabalhador, mas que é empregada nas condições impostas pelo capital na luta desigual das classes sociais.

O fluxo e refluxo da incorporação e expulsão dos trabalhadores no processo de produção e empregos não se dá somente de forma direta, imediata, abrupta, mas mediatizada por um conjunto de políticas (resultantes de lutas e enfrentamentos) que mantêm a subsistência mínima imediata do trabalhador e podem contribuir para um retorno ao trabalho. Uma forma de manutenção da subsistência implica ação pessoal ou familiar para se conseguir novo emprego, moradia, alimentação. Esta população enjeitada (de *ejectare* = jogar fora) pelo capital não tem outra alternativa senão ocupar as periferias das cidades, morar em favelas, viver como ambulantes, biscateiros, marreteiros, avulsos, autônomos, mendigos, constituindo uma camada de trabalhadores na reserva, mas estrategicamente contribuindo para o processo de acumulação. A situação de exclusão estrutural está articulada com a perda da capacidade de trabalho mesmo temporária, como nos casos de acidente leve, doença e de outras faltas ao trabalho, muito bem reguladas por lei. O trabalhador se torna inútil para o capital desde que perca ou diminua sua energia, sua força de trabalho. Para o capital o que está em jogo é a manutenção dessa capacidade de trabalho, que é a própria vida do trabalhador. Marx afirma que

> não é o operário quem compra meios de subsistência e meios de produção, mas os meios de subsistência compram o operário para incorporá-lo aos meios de produção (Marx, 1979, p. 36; Napoleoni, 1981, p. 43 e ss.).

O trabalhador depende do capital para viver, pois seus meios de subsistência fazem parte do capital variável e, quando perde a condição de trabalhar, perde também sua manutenção. Nessa situação é que o trabalhador passa a utilizar alguns serviços e recursos controlados pelo Estado para a obtenção de meios que possam contornar a "emergência estrutural", se assim podemos nos exprimir, pois o evento da exclusão e da perda da capacidade de trabalho é determinado pelas relações sociais. As formas predominantemente públicas de obtenção de recursos podem garantir a mínima manutenção do trabalhador, como o seguro-desemprego ou os bônus alimentares e cheques mensais de assistência, em alguns países capitalistas, dentro de um sistema articulado de seguros e assistência (Faleiros, 1981).

Nos países em que esta garantia da assistência não se tornou um "direito social", as formas de prestação de recursos são também "aleatórias e temporárias, como se o desemprego e as chamadas emergências sociais fossem apenas transitórias ou provocadas por fenômenos naturais como as enchentes e as secas".[2]

Os trabalhadores incorporados ao processo produtivo podem vir, temporariamente ou não, a perder sua capacidade para o trabalho, devido a uma multiplicidade de fatores, entre os quais se destacam os acidentes. Nesse caso, há formas de compensação da perda da capacidade por intermédio de um sistema financeiro que monetariza essa perda, oferecendo ao trabalhador uma quantidade de dinheiro (sempre inferior ao salário) pelo dano sofrido. Essa forma constitui um mecanismo de pré-pagamento feito pelo trabalhador e repassado aos consumidores, caracterizando a Previdência Social como uma forma de prestação de recursos do sistema geral de manutenção da força de trabalho. Os seguros sociais garantem ao mesmo tempo a manutenção do trabalhador improdutivo e uma série de serviços de perícia e de controle do segurado. A perícia é o exame constante de sua capacidade e incapacidade através de critérios burocráticos e tecnocráticos. O seguro combina-se com a assistência, no mesmo sistema global de manutenção,[3] sendo atribuído aos excluídos do mercado de trabalho e privados de rendimentos para poder consumir. No Brasil a distribuição de renda é tão perversa que os gastos com alimentação e habitação alcançam 80% da despesa das famílias que ganham até dois salários mínimos,[4] aumentando-se cada vez mais os gastos com transportes, quase nada restando para saúde, lazer e educação.

E a alimentação conseguida é quase sempre deficitária, não repondo as energias do trabalhador e da família. Cerca de 38,8% das crianças de famílias que ganham de um a cinco salários mínimos

---

2. A política de ajuda ao nordestino denomina-se política de emergência.

3. Não é à toa que a LBA está articulada à Previdência Social. Estuda-se a passagem da ajuda supletiva do INSS para a LBA, privando-se o trabalhador de um de seus direitos.

4. Dados do IBGE para 1974. In: *Indicadores Sociais*. Rio de Janeiro, IBGE, p. 79, 1979.

são desnutridas e para sobreviver o trabalhador tem que dedicar cada vez mais horas ao trabalho.[5]

Especificamente, assistência consiste na atribuição de um recurso e de uma justificativa ideológica legitimadora (visão ideológica). A atribuição não é doação, favor, pois implica um processo de captação desses mesmos recursos a partir da própria condição e da exploração do trabalhador. Os benefícios sociais constituem um sistema de manutenção mediatizada de trabalhadores improdutivos, incapacitados ou excluídos da produção e por isso mesmo estritamente controlados para não ferir as normas do "livre contrato" de trabalho. O controle aparece como uma condição para quem "não quer" a "liberdade" de trabalhar. Esta camada do Serviço Social, por sua vez, maneja recursos desse processo de atribuição de benefícios do sistema de manutenção das políticas públicas. Controle, assistência e ideologia do bem-estar constituem um processo complexo a ser entendido no contexto capitalista das relações sociais. A clientela, assim, não entra no sistema de manutenção por um ato de boa vontade das classes dominantes. Ela constitui um meio e uma ameaça potencial ou real ao processo de produção e à manutenção do poder dominante. Ela pode tornar-se mais ou menos uma força ameaçadora na medida em que mobilize energias na direção de seus interesses, podendo condicionar certos tipos de ação, estabelecendo e canalizando reivindicações e lutas por intermédio de organizações que venham a conduzi-las.

Este potencial de luta depende da articulação de interesses por uma organização capaz de mobilizá-los, o que é justamente impedido pela política oficial e dificultado pelas próprias condições

---

5. Em 1970 um trabalhador deveria trabalhar 105 horas e 13 minutos para ter a ração mínima. Em 1978 deveria trabalhar 137 horas e 37 minutos. Dados do Dieese, citados por Equipe Ibase. Condições de vida, In: IBASE *Saúde e trabalho no Brasil*. Petrópolis: Vozes, 1982. p. 18-34.

objetivas e subjetivas de isolamento e premência pela obtenção de algum meio de vida. Os serviços prestados pelas instituições são, por sua vez, desmobilizadores e fragmentadores, utilizando mecanismos de informação, encaminhamento e preenchimento de fichas que servem tanto para a seleção dos beneficiários, controle da administração dos recursos, fiscalização dos bens ou propriedades implicados, como para a recuperação da capacidade de trabalho. As exigências institucionais têm uma sequência, um fluxograma, ocupando o pessoal profissional no processo de verificação da elegibilidade para entrada ou saída do benefício e acompanhamento do incapacitado, na verificação simultânea da *aptidão*, do *direito do cliente* e da *verossimilhança* de seu discurso em relação ao direito alegado. Discurso e aptidão são examinados para um posterior processo de comprovação dos "desvios" que possam ser cometidos, a fim de corrigi-los. Esta sequência de atos dos agentes institucionais se estrutura numa dinâmica complexa de relações de força determinadas pela articulação das relações estruturais de cada sociedade. Ao mesmo tempo em que são controle e manutenção, os mecanismos institucionais são mediações de estratégias de sobrevivência, objeto de reivindicações sindicais, de movimentos sociais, de pressões de vários segmentos sociais. Estas contradições políticas não estão separadas das contradições econômicas, mas se juntam a elas de forma diferente em cada conjuntura.

No caso brasileiro, a atribuição de recursos pelas instituições deve ser, pois, entendida de forma específica, no contexto de um capitalismo dependente, marcado pelo autoritarismo, pelo clientelismo e pela burocracia (Faleiros, 1983).

O clientelismo se caracteriza por uma forma de espoliação do próprio direito do trabalhador de ter um acesso igual aos benefícios sociais, pela intermediação de um distribuidor que se apossa dos recursos ou dos processos de consegui-los, trocando-os por formas de obrigações que se tornam débitos da população. Elas são cobradas, por exemplo, em conjunturas eleitorais ou mesmo para serviços pessoais aos intermediários. Eliminando-se a igualdade de acesso, característica do próprio direito burguês, o clientelismo gera a discriminação, a incompetência, o afilhadismo.

O autoritarismo implica o fechamento de todo o processo de elaboração das políticas públicas à negociação, vindo impostas de cima para baixo e unilateralmente. O unilateralismo vem a ser a predominância ou a exclusividade dos interesses das classes dominantes, que não admitem qualquer perda de seu domínio, tornando rígidas as relações com as classes dominadas. O autoritarismo não aceita a contestação, o questionamento, a divergência, utilizando a repressão como o meio privilegiado de manter a ordem social.

Por paradoxal que pareça, o clientelismo e o autoritarismo se articulam com formas burocráticas de atribuição dos recursos, enquanto estabelecimento de uma panóplia administrativa regulamentadora que implica uma tramitação enredada e complicada dos famosos "processos" ou "prontuários". Os processos vão de mão em mão, engordando suas páginas com pareceres e assinaturas e enchendo as gavetas de funcionários que nada mais fazem que o despacho para outro funcionário. A burocracia brasileira é profundamente centralizadora, concentrando em poucas mãos as decisões e boicotando a população quanto à informação sobre seus pedidos e demandas. Não raro os processos são perdidos e esquecidos, apesar da propalada da desburocratização. Aliás, ele tem contribuído para desburocratizar as exportações e os lucros das grandes empresas. O clientelismo e a burocracia se compõem com a corrupção, sob múltiplas formas, desde os pagamentos extras até a extorsão da metade ou mais dos benefícios que venham a ser conseguidos por vários intermediários.

Nessas condições é que se situa a prática institucional com as tarefas de realizar visitas, entrevistas, reuniões, registros e relatórios, segundo dados da pesquisa nacional realizada pelo Ceneas em outubro de 1982.[6] Segundo esta pesquisa, 68% dos assistentes sociais se encontram em tarefas de execução. No entanto, se apenas 9,1% acham ótimas suas condições de trabalho, somente 6,7% acham que elas são ruins ou péssimas, sendo que 46% acham que são boas e 38,1%, que são regulares. Os melhores salários estão nas empresas de economia mista e os piores no setor privado, o que pode ter se modificado com o sistema de reajuste semestral para o setor privado e anual para o público. Segundo os dados disponíveis, a metade dos assistentes sociais ganha de 3,3 a 6,7 vezes o maior salário mínimo vigente no país e apenas 14% estão na faixa inferior a 3,3 vezes o salário mínimo.

Assim fica claro que o assistente social é antes de tudo um funcionário público e ainda não devidamente classificado na função pública, ao lado de outras profissões de nível superior, embora atualmente já haja uma luta da categoria para melhorar sua classificação.

O que pretendemos destacar é que a autonomia desse profissional na atribuição de recursos e na prestação de serviços é limitada pelas condições anteriormente analisadas e pela concorrência com outros profissionais que disputam o mesmo campo de ação. Sua remuneração, no entanto, não é a de um "pobre coitado", apesar de não haver ainda se equiparado, por exemplo, aos engenheiros. As instituições onde trabalha, no entanto, não são blocos estanques, mas espaços de luta em que a estratégia do bloco dominante passa pela integração social e pela tutela, mas na arti-

---

6. Dados da pesquisa realizada pela Comissão Executiva Nacional de Entidades de Assistentes Sociais em outubro de 1982. Publicada em *Serviço Social & Sociedade*, ano IV, n. 10, p. 54-81, dez. 1982.

culação política de organização, consciência e teoria, que implica ação a longo, médio e curto prazos. A hegemonia se define pela junção do econômico e do político, pela organização de um bloco orgânico que se torna capaz de condicionar os grupos e indivíduos a seus interesses. Isto pressupõe a tomada de consciência dos adversários, de suas estratégias e de si mesmo, de seus próprios interesses, para traduzi-los em mecanismo de poder na prática cotidiana. Esta consciência se amplia e aprofunda à medida que é iluminada por um referencial teórico que fundamente as atividades e canalize os problemas.

A hegemonia do bloco dominante através do clientelismo, do autoritarismo e da burocracia envolve uma constante rearticulação da correlação de forças sociais que perpassam as instituições como lugar de luta. Este bloco hegemônico não é permanente, estável, mas uma coalizão renovada em cada conjuntura em que as ameaças reais ou percebidas das classes dominadas se tornem mais ou menos manifestas nas correlações de força. Estas relações e correlações se conformam em práticas de resistência e críticas, pressões e contrapressões, divisões e alianças, com avanços e recuos. Segundo Portantiero,

> ação hegemônica e sociedade civil formam, junto com a estratégia institucional da "guerra de posições", uma trama conceitual que implica, no plano das categorias, o desenvolvimento de cada conjuntura como um concreto no qual se articula a cambiante correlação entre forças sociais (1982, p. 152).

As relações de força não se confundem com uma polarização dicotomizada, mas se definem em conflitos e alianças entre classes, grupos, frações, categorias e indivíduos nas lutas concretas do cotidiano. No âmbito institucional, "a guerra de posições" implica lutas pelo poder de decisão e de manipulação de recursos e se manifesta claramente no processo de escolha dos nomes para os cargos de chefia. Nessas lutas, em geral, fica excluído o público a quem se dirige a própria instituição. Não são os doentes que elegem os médicos administradores dos hospitais.

Esses confrontos unem e separam diferentes profissionais, tecnocratas, funcionários, chefias. A ocultação de informações e utilização de manobras faz parte de surpresas (fato consumado), casuísmos e outras fazem parte do jogo de forças. Várias organizações, aparentemente externas às instituições, como os partidos, os grupos econômicos e religiosos, disputam as posições que venham a lhes possibilitar vantagens a partir dos cargos institucionais.

O controle é um processo que se fortifica e se enfraquece. A assistência é um objeto que se modifica na luta pelos recursos e pelos direitos sociais. O clientelismo, o autoritarismo e a burocracia são mediações complexas diante de relações que variam da subserviência à rebelião. Não são fenômenos decorrentes de uma lógica implacável, mas de processos históricos.

A acumulação de forças é um processo político de formação de uma organização, de uma vontade coletiva no próprio cotidiano, que se articula em projetos concretos de questionamento do clientelismo, da burocracia, do autoritarismo, do manobrismo, da centralização e do aparelhismo que visa transformar a população em trampolim para um grupo de controle. Esses projetos concretos de ação das classes dominadas implicam, como já assinalamos em nosso trabalho sobre *Metodologia do trabalho social* (Faleiros, 1981, cap. 8), a análise das forças em presença, dos mecanismos de dominação, das formas de reflexão sobre o projeto político global da sociedade, distinguindo a visão corporativa da visão hegemônica, analisando-se e questionando-se poder e os poderes, as formas de dominação institucional que se materializam nas relações entre os atores da vida cotidiana. As relações estruturais entre as classes se

SABER PROFISSIONAL E PODER INSTITUCIONAL

manifestam nas relações entre os atores específicos. O manejo de recursos institucionais se realiza nesta relação, ao mesmo tempo de poder e saber, em que a forma de definição da demanda da população, o seu encaminhamento e a decisão tomada são estabelecidos para dividir, fragmentar, culpabilizar os dominados. As demandas são assim despolitizadas e a solução dos problemas aparece como uma solução técnica, profissional, apolítica. Transformar essas relações de força nas instituições de Serviço Social implica, pois, capacitar-se para a construção de categorias de análise que permitam dar conta da estrutura e da conjuntura, das correlações de força para vincular, no cotidiano, o *problema* e a *força*, o técnico e o político. É na correlação de forças que se definem os problemas e também é por ela que são resolvidos.

A análise de conjuntura, evidentemente compreendendo a conjuntura institucional, visa ao estabelecimento de estratégias e táticas para fortalecer o polo popular, a mudança da correlação de forças que determina o objeto de sua demanda e suas alternativas de ação.

O fortalecimento do saber popular implica novos meios de utilização e construção do processo de informação. Institucionalmente este processo tende a se modernizar pela informática e a se centralizar pela análise dos dados. Os dados conhecidos pelo assistente social sobre a população pertencem à própria população que deles deve tomar conhecimento. As pesquisas podem transformar-se em fonte de autoconhecimento e veículo de ação e as preocupações da população nelas podem ser integradas.[7]

As estatísticas, relatórios, exames, visitas e entrevistas recolhem dados sobre o cotidiano das camadas populares que são atendidas pelas instituições. São formas de sistematização do conhecimento

---

7. Ver experiência de pesquisa do Promorar em São Luís, no Maranhão.

sobre a vida da população, obtidas no relacionamento interindividual. Estas tarefas e exigências institucionais, em geral para controle, não podem se transformar em mecanismos de autoconhecimento da população para a elaboração de estratégias consequentes de ação na consecução de seus interesses imediatos ou mediatos? As reuniões não podem ser meios de expressão dos interesses populares e de articulação de estratégias e táticas para ação?

O desafio do profissional consiste justamente na reorientação de seu cotidiano de acordo com a correlação de forças existente, para facilitar o acesso da população ao *saber* sobre elas mesmas, aos *recursos* disponíveis e ao *poder* de decisão. A relação de saber produz um efeito ideológico de desocultação (oposto à camuflagem), enquanto o acesso aos recursos facilita uma reapropriação dos excedentes retirados da população e o acesso ao poder produz efeitos políticos de auto-organização. O conhecimento, os recursos e a organização podem se articular de forma mais ampla para um processo de acumulação de forças capaz de se traduzir em contra-hegemonia ao bloco no poder. Esta articulação pode mediatizar-se pelo intercâmbio interorganizacional com diferentes grupos, partidos, movimentos, construindo-se alianças táticas e estratégicas. A *autonomia* e a *vinculação* de grupos depende justamente da clareza da discussão dos objetivos e métodos de cada um, para uma negociação consciente e não manipuladora. Nesse contexto de fortalecimento do poder popular a luta pelos direitos sociais não se reduz ao reconhecimento legal de um benefício, mas se traduz numa questão política mais ampla. A garantia dos direitos é um processo constante de enfrentamento e implica a luta pela garantia da comunicação entre os seres humanos, da organização, da liberdade de palavra, de opinião, de religião (Lefort, 1983, p. 37-70). Um benefício reconhecido em lei não poderá ser defendido sem a possibilidade de articulação, de mobilização, de manifestação. Os direitos políticos implicam os direitos civis e a defesa de uns envolve

SABER PROFISSIONAL E PODER INSTITUCIONAL

a defesa de outros. O reconhecimento de certas compensações sociais em lei é um processo histórico cíclico que muda segundo as crises econômicas e as forças políticas.

A luta pelo acesso aos direitos passa também pelo cotidiano do profissional, pois às filas silenciosas, à tramitação burocrática, ao adiamento dos pedidos é preciso contrapor táticas de comunicação, de agrupamento, de expressão da insatisfação, de manifestação da palavra, de exigências de respostas claras, de prestação de contas, de explicações plausíveis. O silêncio diante do autoritarismo pode ser apenas um momento que fecunde um processo de reflexão-ação consequente, para posteriormente colocá-lo em questão. O trabalho social, assim, se inscreve num processo de trabalho consciente e consequente para a obtenção dos efeitos ideológicos, políticos e econômicos favoráveis aos interesses da população, com o menor desgaste possível nas suas forças e a menor perda de seus recursos.

O fortalecimento do poder popular supõe o respeito à criatividade do povo, às suas iniciativas, às suas diferenças. A eliminação da diferença e das divergências significa totalitarismo. O conhecimento e o reconhecimento da divergência das forças se traduzem em pressão, mas também em negociação, em discussão de alternativas de curto, médio e longo prazos. A análise da conjuntura mostra os limites e possibilidades de cada tática em função das estratégias e políticas em jogo. Esta transformação da atuação profissional teórica e política se manifesta na luta *ideológica* para levar o Serviço Social a desculpabilizar a população das situações-problema que em seu imaginário apresentam as questões do cotidiano como resultantes de falhas individuais ou falta de sorte. A hegemonia e a contra-hegemonia no Serviço Social se constroem a partir de uma vinculação prática entre a atuação do profissional e a da própria população-alvo de seus serviços: profissional e população compartilham a condição de trabalhadores, de cidadãos, portanto, de explorados e dominados. Mas há um ponto comum, que talvez, se melhor pensado politicamente, poderá servir à prática profissional: é a condição feminina. Se a grande maioria dos trabalhadores sociais são mulheres, se a chamada clientela também é constituída de mulheres, não será a condição feminina, vivida em comum no cotidiano de ambas, também um elemento dessa busca de uma *práxis* transformadora no cotidiano?

O cotidiano é inesgotável. O desafio está aberto para sacudir a acomodação, elevar nosso nível teórico e comprometer-nos de maneira diferenciada e aberta com os interesses das classes populares nos lugares de trabalho, com nossas condições no emprego e no contexto político da correlação de forças que se nos apresenta.

Capítulo 4
Instituições de desenvolvimento, burocracia e trabalho profissional*

O tema das instituições e o trabalho profissional é bastante complexo, pois se torna necessário relacioná-lo ao contexto de produção e reprodução das instituições e profissões no capitalismo.

Neste trabalho abordamos a relação entre instituição e profissão como práticas sociais de classe, no contexto atual do capitalismo latino-americano.

As práticas de classe não estão limitadas às relações patrões--empregados, mas devem ser entendidas amplamente em todo o contexto da sociedade.

As práticas de classe são relações sociais inseridas nas estruturas sociais. Poulantzas faz a distinção entre práticas de classe e estruturas, separando as relações de classe das estruturas (Poulantzas, 1972, p. 87). As classes e suas práticas não são aqui separadas

---

* Este trabalho é uma versão revista de uma conferência pronunciada em 2 de julho de 1981 em Tegucigalpa (Honduras). Mimeografado pela Maestri, en Trabajo Social, da Universidade Autônoma de Honduras.

da estrutura social, pois as relações de exploração e dominação são inerentes à estrutura capitalista. O processo de acumulação de capital é contraditório e nas instituições se produzem lutas para manter e transformar a exploração e a dominação.

Esta perspectiva de análise das práticas institucionais enquanto relações de exploração, dominação, subordinação e, portanto, enquanto relações contraditórias não é o enfoque dado pelo funcionalismo ao conceito de organização e instituição. As instituições, do ponto de vista marxista, garantem a reprodução da força de trabalho imediata ou mediata para o capital e sua subordinação política. Essa reprodução é que se inscreve numa relação de exploração em nível global, sendo, portanto, contraditória e conflitiva (Faleiros, 1980; Singer, 1977).

Não é esse o conceito que emerge da visão imediata das relações institucionais. Na prática cotidiana parece que o desenvolvimento é o resultado de um programa feito a partir das instituições. As instituições se propõem como meta, como finalidade, o desenvolvimento, e na prática das organizações internacionais e nacionais o processo de mudança e desenvolvimento aparecerá como ponto da intervenção dessas instituições. Podemos desde logo colocar a questão: será então o desenvolvimento o resultado da ação dessas instituições? Será o desenvolvimento o fruto do processo de uma dinâmica profissional e de uma intervenção de especialistas?

A concepção da corrente do pensamento funcionalista identifica o desenvolvimento como um processo de diferenciação e de especialização que se daria pela modernização da sociedade em que algum setor dinâmico da economia seria o líder e daria um ritmo diferente ao desenvolvimento, ao qual os demais setores teriam que se adaptar para reequilibrar o sistema.

O processo de desenvolvimento é então visualizado como um processo de reequilíbrio ou um equilibrar dinâmico através de diferentes especializações e por uma intervenção profissional.

A especialização significa que a situação se diferencia em partes distintas, criando serviços em função de determinadas exigências das relações entre as partes compreendidas no todo e que estariam se desenvolvendo de forma diferente.[1] Para os funcionalistas, como Nisbet, o processo de mudança e de desenvolvimento é a diferença que se nota no tempo.

A concepção de desenvolvimento é confundida com a diferenciação, quer dizer, como uma espécie de modificação específica em um tempo determinado.

Esta perspectiva coloca o desenvolvimento como uma sequência linear progressiva e a condição para a especialização e para o desenvolvimento é que os peritos possam trabalhar na solução dos problemas específicos.

Parte-se do princípio de que, à medida que os problemas vão surgindo, pelo ritmo distinto em que instituições venham se desenvolvendo, há necessidade de peritos que intervenham nesses problemas. O processo de desenvolvimento passa a ser visto como *problem solving* ou como solução de questões que vão surgindo especificamente. As instituições se colocam como soluções de problemas e as mesmas seriam determinadas por eles. Os programas institucionais aparecem como resposta a determinados problemas que seriam provocados pela falta de ritmo, integração ou equilíbrio do desenvolvimento social.

O processo do *problem solving* ou solução de problemas tem como postulado que as soluções mais adequadas a esses problemas estão justamente nessas instituições e por isso mesmo esses pro-

---

1. Ver, por exemplo, Germani (1972, p. 13). Segundo ele, "um dos traços característicos da mudança reside em seu caráter a-sincrônico", pelas velocidades desiguais dos diferentes setores da sociedade. Para ele, a transição e a mudança são um contínuo multidimensional, que se desenvolve pela nova nacionalidade instrumental da secularização, fazendo com que a instituição diferenciada se especialize (p. 63).

blemas são institucionalizados, porque as necessidades sociais são colocadas em termos já determinados pelas mesmas instituições.

Na realidade, em primeiro lugar criaram-se os programas para em seguida criarem-se as necessidades para esses programas. E estes são postos numa lógica tecnocrática que vai do estudo ao diagnóstico, ao planejamento, à avaliação e novamente a outro estudo. Contudo, esta lógica é determinada por uma relação de poder, de cima para baixo, e por uma concepção da participação popular vista em termos simbólicos ou puramente consultivos.

Não existe, em realidade, uma verdadeira participação decisória da população nas questões fundamentais nas quais essas instituições intervêm, porque ao dividir, ao especializar a intervenção e ao estabelecer o desenvolvimento como uma assistência ou como uma modernização, as instituições dividem a problemática social e a enquadram no processo de profissionalização e normatização.

A "solução do problema" deve passar então pelas normas estabelecidas para resolvê-lo e nós sabemos que as normas estabelecidas criam problemas, produzindo-se um efeito contrário ao que se queria resolver. Alguns sociólogos norte-americanos chegam mesmo a dizer que a burocracia não deveria chamar-se burocracia, mas sim "buropatia".

As normas institucionais são formas de enquadramento dos problemas que elas mesmas determinam quais sejam e a atuação profissional passa a ser uma forma de intervenção nesses problemas institucionalizados em um esquema já determinado pelas normas.

As organizações se apresentam, no esquema funcionalista, como um conjunto de normas estruturadas em função de objetivos específicos. Amitai Etzioni,[2] que trata da sociologia das organiza-

---

2. Textualmente diz Etzioni (1980, p. 9), retomando Parsons, que "as organizações são unidades sociais (ou agrupamentos humanos) intencionalmente construídas ou reconstruídas com o fim de alcançar objetivos específicos".

ções, define a organização como uma estrutura em função de objetivos estabelecidos.

Assim, a instituição se autojustifica, já que se define em torno dos objetivos que venham a responder às necessidades sociais de forma permanente e a mais adequada possível.

A partir de uma necessidade abstrata (parcial) do homem, esta própria definição de organização estabelece sua dinâmica interna em termos de eficácia, em termos da relação custo-benefício.

Os benefícios são definidos pela própria instituição e os custos o são a partir de critérios internos a ela, de modo que muitas vezes a dinâmica destas organizações nada mais é do que uma modificação das formas pelas quais atuam. Ocorre, assim, uma inversão, em que os fins se tornam meios e os meios se convertem em fins da própria organização, porque a instituição passa a se considerar como um fim em si mesma.

Se analisarmos a teoria das organizações de Daniel Bell (1982), por exemplo, que as considera como o fim das ideologias, quando as organizações não teriam mais finalidade ideológica, mas puramente tecnológica e tecnocrática, passa-se a ver que é a ideologia da organização que começa a dominar, tomando ela sim uma forma de mistificação da tecnologia.

Passa-se a crer que por meio de simples arranjos tecnocráticos poder-se-á resolver os problemas sociais. Esta crença na técnica é um novo tipo de ideologia. Não é o fim da ideologia, mas sim uma ideologia que está surgindo com o próprio desenvolvimento das grandes organizações.

É assim que se fala de novos tipos de gerência, de modelos administrativos, de administração por objetivos, de "orçamento zero". O novo modelo fala não mais da gestão de crescimento, mas da gestão da recessão, da crise (*gestion de la décroissance*).

Os indivíduos que trabalham nessas organizações são também vistos em termos determinados pela própria organização — como mais ou menos adaptados — e há uma literatura (Whyte, 1956) que estuda justamente o processo de adaptação do indivíduo à organização. Seriam as personalidades classificadas em mais ou menos rebeldes às normas da organização ou mais ou menos adaptadas a elas.

As organizações se burocratizam e vai-se acentuando o processo de normatização.

O cumprimento das normas burocráticas passa a ser a lógica do trabalho profissional e o objeto do profissional passa a ser não o problema social, mas a perturbação da ordem institucional.

Por exemplo, se a instituição da escola determina, por suas normas, que a criança deva usar uniforme, o fato de não usá-lo passa a ser um "problema" que exige uma atuação profissional. A falta de uniforme é uma perturbação da norma institucional que passa a ser objeto da intervenção profissional. A instituição determina que o indivíduo deva ter certos tipos de carnês, de documentos, segundo um trâmite. Se lhe falta um documento que é determinado pela norma institucional e se não segue a ordem estabelecida, há profissionais que podem intervir nestes casos.

Não é um problema do indivíduo que está em jogo, pois se pode perfeitamente viver sem documento, mas é um problema de perturbação da ordem institucional que deve ser tratado de forma profissional.

Posso dar outro exemplo, no campo da saúde. Pelo fato de que uma instituição incentive fumar ou não fumar, o fato de fumar ou não fumar passa a ser objeto de uma intervenção, porque se estabelece uma norma, ou um controle.

A intervenção profissional passa a ser enquadrada não em função da problemática real da população, mas em função da perturbação da ordem institucional.

SABER PROFISSIONAL E PODER INSTITUCIONAL

Para manter esta ordem, este controle político institucional, determinado e variável, conforme as forças presentes, o profissional deve submeter-se às normas da instituição, criando-se uma hierarquia de subordinação e de poder em uma rede de controle de cima para baixo.

Esta subordinação, entre outras formas, se dá entre agentes privilegiados e agentes complementares.[3] Os atores ou agentes privilegiados de uma instituição são aqueles que por sua prática legitimam a existência da instituição. O médico, por meio de sua prática, vai legitimar a existência de uma instituição de saúde. O professor legitima a prática das instituições educacionais. O advogado, das instituições jurídicas. O engenheiro, as instituições de construção etc. Estes agentes privilegiados, cujas práticas são centrais para a própria instituição, se autolegitimam sem necessidade de agentes ou atores complementares, profissionais que têm de se submeter às práticas dos agentes privilegiados. Estes dificilmente podem ser mandados embora da instituição, porque isto implicaria o seu fechamento.

A prática complementar caracteriza certas profissões como a enfermagem e o trabalho social, que não têm na América Latina uma instituição específica para eles, porque as instituições para crianças são dirigidas por advogados, por políticos ou simplesmente por um parente de um político.

Não é a prática do assistente social em si mesma que se encontra privilegiada nas instituições e por isso ele se coloca como ator complementar, atuando na manutenção da ordem institucional determinada pelos agentes privilegiados.

---

3. José Augusto Guilhon de Albuquerque (1979) distingue nas instituições três tipos de atores: "Os privilegiados (cuja prática concretiza imediatamente a ação institucional), os subordinados (não totalmente reconhecidos) e o pessoal de apoio. O mandante é aquele a quem se presta contas e é um agente privilegiado, que determina um *mandato*, em função da relação de propriedade, funcional ou institucional."

A relação entre esses atores, a clientela e o público nas instituições é uma relação complexa, que nós vamos a seguir analisar de forma mais específica. A intervenção profissional seria aquela que realizaria o bem comum. Esta é a ideologia *introjetada* por muitos profissionais, crentes em que, ao assumirem determinada profissão, vão estar a serviço do público no interesse público. O profissional se caracterizaria por uma série de elementos, como pelo fato de viver com um salário para atender a um público e por ter uma formação específica.[4] Esta é uma visão isolada do conceito de profissão, porque um profissional não pode ser definido por determinadas características. Isto nos leva a um círculo vicioso: as características definem o profissional e este é definido pelas características.

É somente em seus discursos que as instituições apresentam uma racionalidade de "solução de problemas" pela competência profissional ou por seus "programas". O discurso é gerado pelos mesmos profissionais que se "ocupam" dos problemas. Para tanto, se autojustificam como profissionais com este mesmo discurso. Seu saber aparece isolado das relações de poder.

É necessário fazer uma análise mais profunda das instituições e questionar não somente a relação entre os atores dentro das instituições, mas a relação dessas instituições com o contexto global de acumulação do capital e de luta de classes. Ao mesmo tempo, localizar o lugar do profissional nessa totalidade concreta. Esse lugar vem se modificando historicamente, o que pode ser apresentado de modo sumário através dos modelos elaborados por Johnson.

Sabemos que o processo de profissionalização é um processo histórico. Se cada profissão tem sua especificidade (os médicos

---

4. Ver, neste sentido, Talcott Parsons (1954, p. 35-49). Para Parsons a sociedade moderna se caracteriza por ser aquisitiva, mas o profissional "não busca seu interesse, mas a realização de um serviço para clientes ou o avanço da ciência", na "racionalização institucional" que valorize sua "competência técnica".

SABER PROFISSIONAL E PODER INSTITUCIONAL   85

fazem questão de dizer que são filhos de Hipócrates), é necessário analisá-la não de forma isolada, mas em termos globais. Poderemos identificar três modelos de profissionalização dependendo das relações de incerteza e autonomia de uma ocupação, na relação produto/consumidor.

No primeiro modelo manifesta-se, segundo Terence Y. Johnson,[5] o domínio da clientela sobre o profissional. É o caso de alguns arquitetos que trabalham para a burguesia quando têm que construir a casa pelo cliente. O cliente teria um papel predominante. Foi o caso das exigências oligárquicas, das grandes corporações e de algumas comunidades.

No segundo modelo, o profissional teria um critério de dominação sobre o cliente, como no caso das corporações medievais, que determinavam as normas de atuação do profissional e às quais ele não poderia fugir.

O terceiro é o modelo da mediação, em que o profissional faria a intermediação entre a clientela e as normas institucionais, ambas definindo as necessidades e as formas como devem ser satisfeitas.

Esses modelos são formas históricas que vão surgindo no processo de decisão do trabalho imposto pela produção e pelas relações entre as classes sociais e a divisão do trabalho no processo de acumulação do capital.

A divisão do trabalho no modo de produção capitalista passa pela separação entre trabalhadores manuais e intelectuais. A

---

5. Para Johnson (1977), uma profissão não é uma ocupação, mas um meio de controle de uma ocupação. O profissionalismo é um tipo peculiar de controle ocupacional (p. 43). O autor diz que, "em todas as sociedades diferenciadas a emergência de habilidades ocupacionais especializadas, quer de bens produtivos ou de serviços, cria relações de dependência econômica e social e, paradoxalmente, relações de distância social. A dependência de habilidades de outros tem como efeito a redução da experiência compartilhada e aumenta a distância social" (p. 41).

divisão entre produtivos e improdutivos hoje é profundamente questionada. O que é claro é que os trabalhadores que contribuem diretamente para a produção da mais-valia são produtivos. Mas fica em aberto a situação daqueles que são indiretamente produtivos ou improdutivos, pois o capital submete todos à lógica da produtividade.

As divisões de trabalho se dão como forma de aumentar a produção ou a produtividade, ou como formas de controle e de poder dos agentes produtivos.

A complexidade da produção conduz a uma complexidade do consumo, retirando do consumidor o poder de decisão sobre os valores de uso. Isto implica uma nova divisão de trabalho, que cria os profissionais implicados na produção, no consumo e no controle político da população. Esta separação técnica se articula politicamente.

A ameaça a esta ordem produtiva em seu conjunto é muito mais fundamental que a simples ameaça a uma perturbação da ordem institucional de forma particular. As profissões devem ser localizadas nesse contexto global, nas práticas de classe de exploração e de dominação.

A questão que se coloca agora é se é possível fazer mediação na subordinação, se é possível fazer uma relação de transigência entre os interesses da clientela ou da população que se atende e as normas institucionais, sendo que o profissional é submetido, subordinado às normas institucionais e ao contexto global. É, pois, indispensável levantar o problema das relações entre o saber e o poder. Na realidade, a visão tradicional do poder em relação à profissão faz uma separação entre o saber e o poder como se ambos pudessem ser isolados e a intermediação do saber pudesse ser apenas uma questão de metodologia, caindo-se então no mito do método. Como se buscar uma nova metodologia pudesse resolver a problemática social. O saber estaria independente das relações do poder.

A questão do poder leva-nos a considerar as instituições de uma perspectiva política e ver as normas institucionais numa relação de forças sociais. O saber se insere nessa correlação de forças para traduzir na prática um conjunto de relações sociais de práticas de classe que poderíamos chamar de hegemonia. As instituições só podem ser entendidas no processo da hegemonia. E o que é hegemonia?

A *hegemonia* só pode ser vista nas relações de exploração e dominação existentes numa determinada sociedade. *E é o processo de realização da dominação através, justamente, de sua aceitação pelas classes subalternas.*

A dominação "não-aceita" se converte em rebelião, desordem, ameaça. A dominação "aceita" se torna legitimada. Maquiavel dizia que o Príncipe tem que ser amado e temido, mas se ele não puder ser ao mesmo tempo amado e temido, teria de ser pelo menos temido e não odiado (Maquiavel, 1979, p. 71). Esta é a conclusão de um dos capítulos de *O Príncipe*. A hegemonia desse processo de "aceitação da dominação" pela busca do consenso, do consentimento das classes subalternas a uma dominação que se pretende mais adequada, "não dominadora". As relações de poder nas instituições se inscrevem no contexto dessas relações mais amplas do processo de dominação política.

A "dominação legitimada" se traduz concretamente nas instituições pela disciplina que elas impõem. A disciplina é fundamental para a manutenção do poder. Ela começa já na família, fortalece-se na escola e é exigida em todas as instituições.

A disciplina é uma estratégia de transformação da clientela em sujeitos dóceis e úteis. As instituições, ao se apresentarem como *problem solving*, estariam realmente só mostrando uma face, para desenvolver a disciplinação social, o controle social. Os profissionais, ao intervirem neste processo, não estariam exercitando o papel de policiais, mas de policiamento político, na dinâmica das relações estruturais e conjunturais.

Sabemos bem que a política de saúde não se chamava inicialmente de política, mas sim polícia de saúde: para disciplinar a população a viver em determinados quarteirões considerados saudáveis em oposição a outros considerados insalubres; para disciplinar os enfermos a guardarem quarentena para não contaminar a população; para disciplinar a cidade a viver segundo certos comportamentos. Se o indivíduo não os adota, é considerado culpado.

As instituições transformam as próprias vítimas em réus. Isto acontece, por exemplo, no caso de crianças que vão à Justiça quando cometem furtos. São acusadas e responsabilizadas pelo furto, mas sabe-se que elas furtam porque têm fome. Então são vítimas da sociedade que as transforma em réus. Este processo de transformação de vítima em réu não se faz somente nas políticas relativas à criança. Também os economistas o fazem em relação ao salário, culpando os trabalhadores pela inflação, dizendo que não podem aumentar os salários porque são inflacionários e os trabalhadores passam a ser responsabilizados pela nova inflação. Produz-se um processo pelo qual as instituições culpam as vítimas dos próprios problemas que elas pensam resolver. Em vez de resolverem os problemas reais, transformam-nos em problemas dos indivíduos que têm acesso a essas instituições. Os indivíduos são responsabilizados pelos problemas sociais e transformados, de vítimas desses problemas, em réus.

Os mecanismos que agora estamos analisando de maneira mais específica, a *disciplina* e a *culpabilização, como formas de hegemonia* institucional, se tornam, ao mesmo tempo, tarefa profissional na correlação de forças de determinada conjuntura.

Quando a disciplina é exercida, ou melhor, como é imposta? É justamente quando há possibilidade de insubordinação. Será que o consenso não tem essa função catártica? E essa função catártica não é também disciplina?

A luta[6] para impor a disciplina e o controle cotidiano sobre as pessoas e as coisas visa preservar a propriedade, a produção e o indivíduo produtivo. A propriedade deve ser garantida por inúmeras instituições, por exemplo, o poder jurídico. A produção e a produtividade são o fundamento da expansão capitalista e se mantêm através de grande quantidade de instituições articuladas. O indivíduo produtivo e consumidor é formado e controlado por uma rede institucional, por aparatos de hegemonia que o fazem útil e dócil, ou, no mínimo, menos inútil (ao capital) e menos rebelde.

A relação disciplinar articula o poder ao nível do cotidiano com seu sistema de recompensas e punições e a inculca como ideologia pelo sistema de culpabilização.

A intermediação estatal nesse contexto se desenvolve em conjunturas específicas, fazendo com que o povo seja destituído de seu poder e saber por intermediários, funcionários e profissionais que passam a exercer esse poder no cotidiano.

Essa busca da disciplina e essa implantação da culpabilidade e da culpabilização como resultado do próprio processo global de hegemonia não é tão rígida e mecânica. Existe disciplina porque existe reação, confrontação e indisciplina. O processo de tomada de consciência é também um processo real que muda as relações entre os profissionais e as normas da instituição e este conflito que existe nas instituições nos mostra que elas são lugares de conflito, são lugares de luta, são lugares em que as forças se enfrentam e é neste sentido que nós podemos entender o *processo de mediação*.

---

6. O controle e a disciplina não são estáticos, imutáveis e permanentes.

Gramsci, a quem se deve o desenvolvimento do conceito de hegemonia, dizia em 1925, na Itália, quando se discutia o problema da maçonaria:

> Que significa a luta contra a maçonaria? Significa luta contra a burocracia que constitui, tal como é, um fator essencial de equilíbrio alcançado pela burguesia na lenta construção do Estado unitário. Mudar os critérios políticos e territoriais de recrutamento da burocracia, e a isso tende precisamente a lei antimaçônica, significa mudar profundamente as relações de forças sociais em equilíbrio (Gramsci, apud Portantiero, 1977, p. 215-6).

As instituições são relações de forças. A burocracia, ao mesmo tempo que implica um processo de dominação, representa também um processo de equilíbrio instável de compromisso entre as forças sociais.

A mediação se torna possível porque as forças sociais se enfrentam no cotidiano e de forma muito complexa. É um erro só considerar o confronto de classes e forças no nível dos sindicatos e do partido. Estas são formas de organização que não excluem outros tipos de enfrentamento e, portanto, de estratégias.

As próprias instituições, ao constituírem determinadas clientelas, criam condições de agrupamento e de manifestação de forças favoráveis e opostas a seus programas e mecanismos de manipulação.

As clientelas, o pessoal, os profissionais, os tecnocratas, os mandatários se movimentam num campo específico de forças, utilizando recursos e poder para impor, dispor e propor formas de prática. Estes enfrentamentos são mais ou menos manifestos ou latentes nas manobras cotidianas para obter recursos, favores, lugares e decisões.

A batalha interinstitucional pode ser ocasião favorável a certas lutas populares a fim de obter vantagens imediatas segundo seus interesses.

Na América Latina, a burocracia formal e típica-ideal de Weber tem uma significação diferente da de outros países, pois está marcada pela distribuição de favores, pelo nepotismo, pelo paternalismo. A burocracia tem exercido um papel preponderante no processo de formação do Estado.

Tomando-se, por exemplo, o caso do Brasil, vê-se que desde a época da Colônia a burocracia "Del Rey" servia de intermediária para a coleta de impostos e distribuição de favores. Promove-se um industrial, um comerciante necessitado, para o exercício de seu trabalho, do beneplácito da burocracia. Esta burocracia foi adquirindo uma certa importância na própria formação do Estado latino--americano e brasileiro. Com a mudança das formas de Estado, passando-se a Estado nacional independente, a burocracia teve também a continuidade de manter estas formas de distribuição de favores e de coleta de impostos que caracterizaram as relações do Estado com a sociedade civil.

A implementação da dominação, a manutenção das disciplinas e a culpabilização, conforme analisamos, são especificamente vivenciadas na conjuntura de cada país.

A instituição que analisamos abstratamente assume formas específicas de Estado em cada formação social. No contexto latino--americano, a subordinação profissional, além de estar vinculada às formas burocráticas, está inserida nos tipos de relações específicas dos países latino-americanos. Por exemplo, para conseguir-se trabalho na burocracia estatal, é necessário ter um parente, um tio, um intermediário que interceda pela pessoa.

A atenção à clientela, além de caracterizada por disciplinário e a culpabilização possui o caráter clientelístico, que tem sua origem no próprio processo histórico do surgimento das burocracias latino--americanas. Elas serviam e servem de intermediários entre o poder político e a sociedade civil para a distribuição de favores em troca de lealdade.

A clientela não é considerada com os foros da cidadania e sim como clientela. Há uma distinção entre o cidadão e o cliente. O cidadão tem direitos, o cliente, favores. Há quem diga que nos países latino-americanos não há cidadãos, mas súditos. O próprio processo de desenvolvimento da cidadania está vinculado às formas em que o Estado se manifesta na América Latina. Algumas burocracias consideram suas instituições como verdadeiros feudos, em uma relação *patrimonial* com a clientela e não em uma relação *funcional*. Elas se creem donas das instituições, donas dos favores. Os direitos à cidadania são vistos como verdadeiros favores que se dão aos indivíduos solicitantes dessas instituições.

É nas relações de poder que o saber tem condições e limites de ser mediador. Os interesses da clientela e os interesses de lealdade às instituições entram em conflito não poucas vezes. É aí que, mais do que nunca, se torna imprescindível a análise da situação concreta da correlação de forças.

Apesar da subordinação do profissional, do fato de ser assalariado pela instituição, de estar submetido às normas institucionais, ele também está vinculado ao cliente. Há quem busque nas instituições formas de relacionamento. É possível uma forma alternativa, é possível desenvolver o modelo da mediação, é possível ocupar espaço político, é possível tratar as pessoas não como súditos e clientela, mas como cidadãos. São as lutas sociais que têm impulsionado novas formas de relações entre a clientela e as instituições de desenvolvimento social, exigindo destas a resposta a seus problemas e é justamente através desta pressão que novas formas estão surgindo para buscar novos tipos de relações entre as instituições e a população.

Com esta pressão, vários profissionais estão mudando suas formas de relação em aliança entre eles e a clientela. Buscam utilizar-se das instituições, não para submeter a clientela, mas para poder vincular-se a alguma problemática que as organizações populares se colocam. Esta utilização se faz segundo as possibilidades e as oportunidades que existem em cada uma delas.

Faz-se necessário, com esta estratégia, saber avançar e *saber* retroceder porque há momentos em que o conflito se torna tão grande que pode levar ao próprio fechamento da instituição. Na realidade, são poucas as instituições que fecham. O que mais se observa é a acomodação, os profissionais passam a acomodar-se às instituições, passam realmente a se identificar com os seus objetivos e assim perdem sua própria identidade: transformando-se em simples executores, sem nenhuma reação, acomodando-se totalmente às funções determinadas pelas normas institucionais.

Fica o desafio, para superar a acomodação, o desafio para buscar novas formas de aliança e ver se realmente essas instituições que se dizem de desenvolvimento podem se transformar em meios de desenvolvimento de novas formas de poder pelas alianças que podem ser feitas. Evidentemente não há nenhuma fórmula para isto. Cada grupo de profissionais deve fazer uma análise concreta da situação, das forças, pressões e enfrentar o desafio de ser o interlocutor orgânico de um bloco histórico da transformação.

Este processo de mediação tem seus limites estruturais, mas não é por isso que se vai adotar o postulado de que todas as instituições são mecanismos e instrumentos do capital para exclusivamente oprimir as classes subalternas.

Os limites estruturais impostos pela acumulação do capital são também modificáveis pelas crises da própria acumulação em suas articulações econômico-político-ideológicas.

Se é verdade que os profissionais têm que cumprir tarefas impostas por esse processo de acumulação, é preciso levar em consideração que ele é contraditório e, por isso mesmo, dinâmico e processual.

Uma visão demasiado economicista do processo de acumulação tem paralisado uma tomada de iniciativa profissional tanto quanto a visão institucionalizada. A primeira refere tudo a um maquiavelismo estrutural e, a segunda, a um voluntarismo dos atores. A primeira paralisa por negar esta iniciativa e a segunda, por atribuí-la aos chefes e mandantes.

A visão institucionalista tem levado a viver-se o impacto, a insegurança do emprego, esquecendo-se de que os chefes tampouco atuam por sua vontade, independentemente, e que se encontram numa correlação de forças.

A postura economicista refere tudo à estrutura, esquecendo que as classes e forças sociais são estruturais.

As alternativas concretas de dinamização da luta a nível local e conjuntural supõem estratégias de enfrentamento de uma guerra de posições entre forças que se deslocam segundo sua combatividade, organização e mobilização. Foi assim que os trabalhadores ganharam espaço no interior da própria fábrica, o reduto inquestionável das classes dominantes.

Parte II

Participação e poder

Capítulo 5
Formas ideológicas de participação*

Participação é um dos conceitos mais utilizados na prática social e um dos menos consensuais, dado o caráter ideológico que o envolve. Assim, tanto nos regimes fascistas como nos democráticos, fala-se de participação. Todos os governos almejam a "participação" da população em seus programas, em seus órgãos. As instituições falam de participação dos clientes e dos usuários, as grandes organizações propõem a participação de funcionários e empregados.

A palavra participação permeia todos os meandros da vida da sociedade civil, dos aparelhos do Estado, da vida cotidiana.

A participação é classificada[1] em diferentes tipos e serve de definição a outros conceitos como o de marginalidade, concebida

---

* Publicado em *Serviço Social & Sociedade*, v. III, n. 9, ago. 1982.

1. Albert Meister (1972, p. 16-9) distingue voluntariado de participação. O primeiro é livre e não obrigatório e a segunda é mais ou menos obrigatória. No caso do voluntariado, há um tipo de participação voluntária, criada pelo próprio grupo, com comportamentos criados pelo grupo. Um segundo tipo de participação é a suscitada por um grupo novo

pelo Desal como falta ou ausência de participação, no contexto da teoria dualista que opõe sociedade tradicional e sociedade moderna.[2]

A participação de um contingente determinado de população é vista de um ponto de vista de inclusão/exclusão em certos setores específicos.

Esses setores específicos constituem os recursos e instituições considerados modernos, especializados, em oposição aos setores tradicionais, baseados no respeito aos antepassados, nas relações pessoais, na religião, no modo de vida constituído pela família extensa.

A exclusão dessas novas oportunidades de vida promovidas pelo "progresso" significa participação passiva, marginalidade. A eliminação de barreiras, tanto geográficas como raciais, sexuais, legais, levaria a uma igualdade de oportunidades para todos os indivíduos, bastando, pois, seu esforço individual para conquistar o acesso a esses recursos "disponíveis".

Assim, a segunda dimensão do conceito de participação, nessa perspectiva, refere-se à mobilização dos esforços individuais pela eliminação da acomodação. A participação torna-se ativa pela mudança de atitudes e comportamentos individuais e coletivos, pela presença de indivíduos e grupos em programas e atividades.

O participar significa, então, os comportamentos individuais de procura e de livre escolha daquilo que é disponível na situação presente e comportamentos coletivos de associação e de promoção de recursos. Esta concepção opõe os apáticos aos participantes, os indolentes aos esforçados, os preguiçosos aos denodados.

---

externo, podendo ser mais ou menos voluntária e exigindo comportamentos desejados pelo exterior. Um terceiro tipo é a participação de fato em grupos tradicionais preexistentes, com repetição de comportamentos julgados desejáveis pelo grupo e seu meio. A participação voluntária evoluiu para uma participação instrumental nas grandes organizações modernas.

2. Ver Sandra A. Barbosa Lima (1980) e Janice E. Perlman (1977). Essas duas autoras discutem a concepção da Desal e da modernização.

A sociedade se fundaria em uma meritocracia individual e coletiva, premiando-se aqueles que são competentes e realmente buscam aceder aos recursos disponíveis pelo esforço e competência.

No interior das organizações "premiam-se" aqueles que participam dos objetivos programados com postos, salários e recompensas.

Essa moralidade presente no conceito de participação é um dos impedimentos ou empecilhos ideológicos para sua precisão em termos teóricos.

A ausência de participação é, assim, confundida com incapacidade em assumir "responsabilidade da vida social e política", acusando-se o povo de ser incapaz de votar, incapaz de escolher e incapaz de decidir, justificando-se sua "ausência" em processos globais de natureza social e política.

Os programas governamentais se propõem a mudar essa incapacidade, a levar o povo a tomar parte e a viver um processo de "aprendizagem" que não ultrapasse os "limites da responsabilidade",[3] isto é, que não ponha em jogo ou questione o próprio governo e a ordem social vigente. Participação significa, então, "liberdade com responsabilidade".

A liberdade ou livre escolha se confunde com igualdade *ideal* de oportunidades, e responsabilidade, com aceitação da ordem estabelecida, capacitando-se o indivíduo ao uso de "métodos", de inovações, para, na vida cotidiana, integrar-se em setores específicos, nos limites estabelecidos.

A gestão social da participação significa, pois, criar os *canais* para dinamizar essa "integração", para levar a população a "utilizar"

---

3. Aldair Brasil Barthy diz que "participação é aumentar o controle de cada um sobre sua própria condição, sua situação, seus elementos coletivos determinantes, e passar, assim, da ordem do destino à ordem da responsabilidade, da escolha" (In: Participação social, *Debates Sociais*, ano X, n. 19, p. 56, out. 1974).

recursos para sua modernização e com sua adesão "voluntária" a esse processo. O governo quer que o povo queira o que ele (governo) quer.

1. Planejamento e consulta

O canal privilegiado dessa integração é o processo de planejamento, como "ato racionalizador" que permita ao indivíduo e aos grupos sociais modernizar seus comportamentos, sacudir a apatia e obter recursos para melhorar suas oportunidades de vida.

Mas, como a sociedade é concebida em setores, dividida em segmentos, a participação e o planejamento são parcializados por funções, por programas, por problemas. A participação é encaminhada para a inclusão de populações nos setores específicos de saúde, educação, lazer, industrialização, religião, dividindo-se e segmentando-se verticalmente as classes subalternas. Ou então essa participação é segmentada horizontalmente por bairro, por cidade, por "comunidade", isolando-se os grupos locais uns dos outros.

Do ponto de vista técnico, a inclusão/exclusão da população nos programas é bem dimensionada para que seja consultiva e limitada a um problema.

No processo de planejamento distingue-se muito bem etapa de informação e etapa de decisão. A primeira objetiva colher os dados para permitir a elaboração de alternativas na etapa decisória. Nos planejamentos governamentais estimula-se a participação da população no momento da informação, colhendo a manifestação de suas insatisfações e de suas preocupações, através de censos, inquéritos, enquetes, pesquisas, reuniões e assembleias, em que são levantados os problemas específicos (de saúde, habitação etc.).

A população é consultada e *incluída* no processo de informação, mas *excluída* do processo de decisão. A consulta é restrita e isolada pela problemática geral; os resultados desses inquéritos quase nunca são conhecidos publicamente.

Nas grandes organizações tenta-se, atualmente, a "participação por objetivos". Na realização de certos objetivos limitados haveria certa autonomia dos escalões intermediários, na escolha dos meios de realizá-los. Os objetivos gerais e os recursos fundamentais são decididos pelo escalão superior.

As decisões de planejadores, técnicos e diretores de grandes organizações nem sempre se tomam de acordo com os interesses e necessidades manifestos na etapa de consulta, o que somente serve para esvaziar reivindicações e protelar soluções. A consulta dá a impressão de que os problemas estão sendo estudados para serem resolvidos, de que alguém está se ocupando da problemática da base, de que há soluções à vista. A consulta cria assim expectativas na população (que não raramente fica "esperando Godot").

2. A representação

A representação tem sido tradicionalmente uma das formas mais estimuladas de participação. De uma base social determinada destacam-se certos representantes que vão debater e resolver, em nome dessa base, certos assuntos por ela propostos. Esta participação se confunde com o parlamentarismo, limitando-se ao voto, à eleição dos representantes.

Os modos de representação são *canais* de participação nas decisões parlamentares, nos conselhos consultivos e deliberativos, nos órgãos executivos, nos seminários e congressos.

A base social é incluída só no *início* de um processo global e às vezes de forma indireta, sem mobilização. Nessa fase inicial atuam os mecanismos de propaganda e manipulação, retirando da base social a tão propalada liberdade de escolha.

Como a representação teve sua consolidação no próprio processo de democracia liberal, ela aparece idealmente como vontade dos *indivíduos*. Mas, na realidade, trata-se de determinados indivíduos, segundo sua situação na estrutura social. Assim, o voto nas sociedades modernas e contemporâneas foi paulatinamente estendido dos proprietários aos não proprietários, dos homens às mulheres, dos alfabetizados aos analfabetos, ficando ainda inúmeras categorias excluídas das eleições, de acordo com as conveniências, as possibilidades de informação e o acesso aos programas e locais de votação e ao controle da sociedade civil pelos grupos dominantes.

A ideologia pré-liberal[4] rejeitava a divisão em classes, sendo a representação uma forma de consenso social *individual*. Essa ideologia justifica muitas formas de organização de representação comunitária, em que os eleitos aparecem como os legítimos representantes da vontade geral, do bem comum, dos indivíduos em geral.

Esta concepção suprime o conceito de classe, de divisão da sociedade em classes dominantes e subalternas para partir dos indivíduos ou grupos locais.

Nas sociedades em que as lutas sociais impuseram uma concepção do mundo dividido em classes ou categorias, as representações já não se fazem somente por indivíduos, mas segundo a divisão em classes ou categorias, levando-se à representação, em certos conselhos, patrões e empregados, professores e alunos, profissionais e clientes.

---

4. Ver C. B. MacPherson (1978, p. 29). O autor desenvolve os modelos: a) de democracia protetora de Bentham, baseada na segurança das leis; b) de democracia desenvolvimentista, baseada no esforço de cada um e na participação do voto para influenciar o governo; c) de democracia de equilíbrio, em que esta é concebida como um mecanismo de escolher e autorizar governos com a competição entre dois ou mais grupos; e d) de democracia participativa baseada na articulação de vontades dos estratos inferiores.

Neste tipo de representação, o objetivo perseguido ainda é o consenso em torno de certos objetivos específicos. O conflito é institucionalizado e limitado a certas decisões. É o caso da *cogestão* em certas empresas e órgãos governamentais. Determinadas bases participam da eleição de seus representantes em áreas ou postos previamente definidos.

A participação é tida como integração e controle de cima para baixo, combinando-se elitismo e autoritarismo. O elitismo visa à conservação do poder das classes dominantes, utilizando-se a ideologia de que as classes subalternas são incapazes de decidir seu próprio destino e o destino de toda a sociedade, de forma autônoma.

O autoritarismo consiste no controle por parte das classes dominantes dos espaços, das exclusões/inclusões das classes subalternas no processo decisório.

A exclusão das classes subalternas é combinada com inclusões limitadas pela cooptação, pela integração limitada por assunto ou por comissão e com o uso da força, da repressão.

A cogestão, por exemplo, e a representação limitada aceitam a sociedade desigual e tentam realizar um certo equilíbrio instável das forças, mas mantendo a própria desigualdade como fundamento da representação. Conselhos e parlamentos não eliminam por si mesmos a desigualdade, mas a consagram dando representação aos mais poderosos, aos ricos, aos que dispõem de recursos consideráveis.

A sociedade de consumo como canal de participação só tem aumentado as desigualdades, pois a participação consumista consiste no acesso ao produto final segundo a situação de cada um na estrutura produtiva, sem que se possa influenciar no tipo e no processo de produção. Os defensores do consumismo dizem que o consumidor é soberano, pois as indústrias vão adaptar-se a seus desejos e às suas demandas. Esta teoria se esquece de que são as próprias indústrias e principalmente as multinacionais que detêm o monopólio dos meios de informação e de comunicação, moldando os desejos do consumidor à imagem do produto que põem no mercado. Com seus estímulos físicos, simbólicos e sociais, os proprietários dos meios de produção criam uma participação massificada e totalmente alienada, cujo exemplo é a música de discoteca.

Por esses canais de consulta-planejamento, administração, representação, cogestão e consumo, a participação tem significado concentração de poder e manipulação.

No conceito tradicional de participação, mobiliza-se a população para obter certos recursos ou para a consulta sobre certas decisões e representações, contanto que os lugares de dominação/dominados sejam mantidos.

A integração consiste em ocupar os lugares já determinados pela classe dominante; as relações dos representantes com os representados são determinadas pelos lugares que ocupam.

3. Participação e combate

A problemática em estudo nos coloca face às franquias, às garantias, isto é, aos espaços definidos pela correlação de forças da sociedade civil. As lutas sociais dos trabalhadores, suas greves, suas organizações autônomas da burguesia foram ampliando e conquistando espaços decisórios, reconhecimento ideológico, benefícios e recursos econômicos.

Nesse sentido a participação é definida como luta, combate, mobilização, pressão, poder, ou seja, como articulação de forças e de estratégias em torno de interesses de classes para a conquista de poderes, recursos e reconhecimento.

SABER PROFISSIONAL E PODER INSTITUCIONAL 105

São as forças que vão conquistar e mudar os lugares.[5] São elas que vão articular vontades e tornar as exigências das classes subalternas efetivas e de forma autônoma, de baixo para cima, rompendo-se com o modelo elitista e autoritário. A libertação da tutela da burguesia e da tecnocracia das formas tradicionais de representação é a condição para a definição da participação-força. Participação é a força social organizada segundo os interesses de uma base social determinada.

As lutas e as organizações dos trabalhadores foram obtendo a transformação das formas de distribuição dos recursos do poder e dos processos de conhecimento e reconhecimento do mundo.

Nesta perspectiva a participação passa a ser vista não como uma questão individual, mas como uma questão de classe, e o problema de modernização/integração, como um problema estrutural.

A participação não é somente uma questão de acesso e associação, mas de combate e conquista de recursos e de lugares.

A linha anarquista propõe a *ação direta* da base e um alto grau de consciência individual e coletiva, para conquistar posições e poderes.

Já na Comuna de Paris as bases populares não eliminaram os representantes, mas mantiveram um controle sistemático sobre eles, em base à revocabilidade de seus mandatos em qualquer momento e à igualdade de salários entre representantes e bases.

O problema da representação não se resolve por sua eliminação, mas pelo controle que as bases possam efetivamente exercer sobre seus representantes.

Mecanismos como prestação sistemática de contas, revocabilidade de mandatos, igualdade de salários, publicidade das

---

5. Ver Alain Badiou (1975, p. 96). Para este autor, resolver é rejeitar algo, resolver implica morte, desaparecimento de um dos termos e não composição de um com outro. E para ele a lógica dos lugares se subordina à lógica das forças.

reuniões decisórias, discussão das decisões de baixo para cima podem ser meios de tornar a representação homônima aos interesses da base.

4. Participação, autonomia e interesses

Os grupos sociais populares têm buscado formas de participação que se fundamentem na sua autonomia enquanto organização e na sua força enquanto mobilização.

Evitando serem "enrolados" pelos poderes públicos, esses grupos têm buscado, algumas vezes em aliança com técnicos e profissionais, outros canais para manifestarem seus interesses.

A consciência de que o planejamento não é neutro, de que é instrumentalizado por interesses de grupos, levou Paul Davidoff (1977, p. 191-204) a pôr em prática a experiência da advocacia popular.

Esta experiência consiste em trabalhar dentro das organizações de planejamento. Um grupo de "técnicos" se torna o advogado de uma clientela que não tem voz e muito menos voto nesses organismos governamentais. Esses advogados buscam defender os interesses de determinados clientes através de alternativas técnicas concretas.

A defesa desses interesses supõe um contrato de defensor com uma clientela específica, fazendo valer seus interesses no interior do planejamento, buscando traduzir assim o *pluralismo* de interesses.

A advocacia popular, como canal de participação, supõe a ideia de pluralismo de interesses e da possibilidade de articular um consenso com uma argumentação técnica e com a defesa política desses interesses.

Esta forma de conduzir o planejamento supõe uma certa democratização das instâncias planejadoras, mas só será eficaz a curto prazo se tiver como sustentação uma força real da população capaz de mobilizar-se por seus interesses.

Muitos grupos preferem então atuar *de fora* dos organismos governamentais e das instituições, utilizando a pressão social a partir da organização autônoma de seus interesses.

A experiência de Saul Alinsky, nos Estados Unidos, ilustra essa estratégia de participação. Não se trata de inclusão de interesses ou de integração de pessoas, mas de pressão para uma negociação, a fim de que determinados interesses sejam conquistados, alcançados.

Para Alinsky (1976, p. 111-2), "é impossível conceber um mundo sem poder [...] e não temos a escolha senão entre um poder organizado e um poder sem organização". Para ele, uma sociedade aberta é fundada sobre o conflito periodicamente interrompido por compromissos.

Nessa linha, Alinsky propõe primeiro o poder e depois o programa, reforçando as organizações da base e temperando-as na luta, na agitação de seus problemas em torno de interesses concretos.

A pressão de fora supõe organizações autônomas, sem tutelas e a possibilidade de negociação.[6]

---

6. As forças populares se articulam em organizações de caráter reivindicatório ou político, desenvolvendo vinculações e solidariedades entre si, de acordo com as conjunturas, as estratégias e a problemática em questão. Os movimentos populares podem, assim, definir sua autonomia e vinculação, sem que tenham que obedecer a uma hierarquia rígida que culmine com um "partido popular", como o canal controlador de todas as manifestações. Evidentemente, o isolamento e a divisão das forças populares são objetivos estratégicos das classes dominantes, que só podem ser combatidos com o desenvolvimento de uma ampla solidariedade que respeite, ao mesmo tempo, a autonomia das organizações e aprofunde suas raízes na base social que a sustenta. A separação entre direção e base, dirigentes e dirigidos, esclerosa e burocratiza a participação-combate.

5. Participação disfarçada e grupos espontâneos

Quando a sociedade está fechada para a negociação na base do autoritarismo, da exclusão ou da inclusão limitada das classes subalternas, não há lugar para participação por meios de pressão. Não resta à população senão uma participação difusa, para um arranjo mais ou menos viável, de sua sobrevivência no cotidiano. O povo elabora, então, "jeitos para se defender", evitando o cativeiro dos padrões, combinando formas de sobrevivência na multiplicação de relações sociais e institucionais, chegando às vezes à bajulação, à recusa de cumprir ordens autoritárias (Duque, 1980).

No meio rural, como foi analisado por Ghislaine Duque, as estratégias camponesas são ações de classe disfarçadas. A sociedade fechada não permite que se manifeste abertamente uma pressão e muito menos uma pressão de classe.

Cabe então aos profissionais comprometidos com o povo descobrir e trabalhar essas formas populares e disfarçadas, que em realidade não são nada difusas.

As elites do poder pensam que o povo não pensa.

Os partidos políticos são os canais tradicionais para organizar a participação política, mas esta, em geral, fica restrita às eleições e favores, sem que se tenham ainda elaborado formas de discussão e implicação das bases nos partidos tradicionais.

Grupos extraparlamentares, em várias partes do mundo, estão tentando modificar essas formas de luta com ações chamadas "marginais", não programadas, como rádios piratas, ocupações ecológicas, manifestações feministas. Estas formas de luta não são exclusivas e mostram distintos canais que podem ser articulados pelas forças sociais e suas bases, dependendo da conjuntura, dos objetivos e do ritmo da própria ação.

Capítulo 6
Alguns comentários sobre estratégia e tática

1. Estratégia e tática

A estratégia e a tática não são o resultado de uma opção. A gente não faz a guerra conforme quer.

Elas são o resultado de forças em presença, de recursos disponíveis e "mobilizáveis", e de interesses e objetivos a atingir num momento dado.

A estratégia se refere aos objetivos a atingir num período mais longo da história e mais geral. A tática se refere a objetivos particulares em um período mais curto e subordinado à estratégia.

Uma estratégia se define numa correlação de forças e de recursos disponíveis a serem mobilizados. Uma força é forte ou fraca em relação a um adversário se ela pode ou não ameaçar a própria existência desse adversário. A anulação ou o esmagamento do adversário ou sua capitulação demonstra a superioridade das forças.

2. Estratégia de grupos populares e o movimento operário

A estratégia de grupos populares que lutam por objetivos de melhoria de suas condições de vida cotidiana e que fazem parte da classe operária não pode se isolar do movimento operário em geral.

A força do movimento operário e dos movimentos populares (como das classes dominantes) determina a estratégia dos grupos populares. Se a conjuntura é favorável à mobilização popular e expansão das lutas, a estratégia pode ser mais ofensiva. Se o momento se apresenta desfavorável e marcado por uma retração das forças populares, a estratégia é defensiva.

A análise da relação das forças de classes fundamentais da sociedade é crucial para determinar a estratégia e a tática dos grupos populares.

3. Os grupos populares e o Estado

Os grupos populares se afrontam com um adversário político de um nível superior. Não se trata de forças iguais, visto que o Estado dispõe do poder de coerção, da força política. A sociedade política obriga os grupos populares a uma estratégia defensiva, quer dizer, lutar no terreno predeterminado pelo poder político.

Os pleitos das lutas populares são enquadrados pelo Estado e por suas leis. Numa relação de forças desiguais, os grupos devem medir bem suas forças antes de começar a batalha.

O apoio de que dispõe o Estado no seio dos grupos populares provém da "força" do consenso de que a classe dirigente é capaz. A classe dirigente estabelece trincheiras e casamatas na sociedade civil para dividir, insuflar, impedir e recuperar os movimentos populares, sempre utilizando os aparelhos do Estado.

4. Movimento e posição

Os grupos populares ocupam uma posição na sociedade civil, eles ocupam uma trincheira, uma casamata, do ponto de vista estratégico.

O fim da estratégia desses grupos é manter esta trincheira na defesa de suas condições de vida. Isto compreende a defesa das vantagens obtidas e a conquista de novas posições.

Sua estratégia se define assim por uma guerra de "posição", visto que eles têm a força para provocar movimentos, para fazer recuar o inimigo ou anulá-lo a curto prazo.

5. O ritmo e a surpresa

Apesar da inferioridade dos grupos populares, eles podem provocar desgastes ao adversário pela tenacidade e o ritmo imposto à luta e a surpresa provocada ao adversário.

Os grupos podem tornar-se desgastantes mesmo que sejam pequenos, apenas impondo ao adversário um ritmo que o corrói e surpresas às quais ele não sabe responder imediatamente com sua pesada máquina burocrática.

Para definir a estratégia, além da análise de forças em presença do movimento histórico, é preciso *imaginação* para obrigar o inimigo a *fazer concessões*.

O fim estratégico das lutas dos grupos populares visa arrancar do Estado certas concessões a curto prazo e desenvolver as forças populares a longo prazo.

6. As concessões

Quanto às concessões a arrancar, se elas referem a mais poder e decisão para os grupos subalternos, chega-se a uma estratégia de poder popular para estabelecer o controle popular sobre um terreno ou um pleito controlado pela classe dominante.

Se as concessões se referem a vantagens particulares e próprias do grupo, trata-se de uma estratégia corporativista ou reformista, de uma luta econômica. Neste caso a estratégia é orientada por uma reivindicação específica.

As reivindicações que não são isoladas estrategicamente das lutas do poder tornam-se meios para desenvolver a força, a organização ou a combatividade dos grupos populares.

Quando se visa derrubar o bloco no poder, a luta política torna-se o fim estratégico principal, ao qual se subordinam os fins secundários. Na luta, um fim secundário pode tornar-se um fim principal e vice-versa.

7. As ações táticas

Para arrancar concessões do bloco no poder os grupos populares podem combinar de maneira mais ou menos distinta a pressão e a negociação, sempre alternando esses momentos ou numa escalada determinada.

As ações têm mais possibilidades de sucesso se há uma crise orgânica no bloco do poder (divisões) e numa situação de crise generalizada.

Assim, é preciso analisar a conjuntura econômica e social e a superestrutura antes de estabelecer os meios de pressão e o momento da negociação.

Os grupos que procuram negociar sem objetivar as pressões aceitam desde o começo um consenso e a "boa vontade" do inimigo.

Os grupos que fazem pressão sem objetivar a negociação aceitam a radicalização ou a insuflação da luta.

Esta pressão não mediatizada por uma organização é espontânea. Se ela é assim mediatizada, torna-se então controlada, mas também esclarecida pela crítica, pela teoria, pela sistematização.

A pressão pode tomar formas diferentes, indo da *resistência* (*sit in*, greve) às formas mais *ativas* de ocupação (boicote) para forçar o adversário a concessões.

As manifestações públicas e a utilização da informação (mídia) são utilizadas como meio de frear a manipulação das informações pelas classes dominantes e para desenvolver a hegemonia dos grupos em luta junto aos aliados possíveis. Face à repressão do bloco no poder, os grupos populares são levados ao recuo ou à desobediência civil. O primeiro caso acontece quando as forças do movimento são fracas, e o segundo, quando é difícil ao Estado reprimir uma grande massa.

8. A estratégia do Estado

A sociedade política, o Estado, busca estrategicamente a subordinação dos grupos das classes subalternas à ordem estabelecida nas condições mínimas necessárias a sua reprodução enquanto indivíduos e enquanto classe.

Esta subordinação se efetua tanto por meios administrativos quanto políticos e coercitivos.

A intervenção administrativa visa à burocratização e ao isolamento da problemática apresentada pelos grupos populares.

A intervenção política busca dividir e recuperar os grupos populares pelo isolamento dos dirigentes da base e pelo "denegrimento" do movimento, apresentando-o como resultado da ação de agitadores externos, como desordem e como economicamente insustentável.

Esta estratégia utiliza a tática da manipulação dos meios de informação para isolar o movimento da população em geral.

O governo utiliza alternada ou simultaneamente o "prêmio e o castigo".

A oferta de certos benefícios, ou recompensas pode transformar e recuperar certos líderes de grupos populares.

A repressão e a coerção implicam a utilização de meios de intimidação, indo até ao encarceramento dos dirigentes e ao emprego da força policial.

O Estado, nesse momento, fecha as portas da negociação porque as concessões solicitadas não são aceitáveis ao estado de acumulação de capital a que ele visa. Essa estratégia pode retirar a legitimação da classe no poder se ela defende (discurso) a democracia e a participação. O Estado se vê então colocado numa situação de defesa clara da acumulação do capital ou de sua legitimidade.

Às vezes certas respostas simbólicas (comissões de inquéritos, por exemplo) servem de tática para fazer o governo sair do impasse.

9. Mobilização e relação de forças

Se os grupos populares se desmobilizam, o governo pode também aproveitar a conjuntura para cortar os benefícios ou as concessões já outorgadas, o que deve levar os grupos populares a se colocarem a questão da mobilização permanente e de uma luta política que possa levá-los à tomada do poder e lhes dar a garantia de poder construir uma sociedade nova, pela mudança global da relação de forças da sociedade.

Parte III

Saber e poder

Capítulo 7
Dialética e trabalho social*

O tema aqui exposto é amplo e complexo. Exigiria ao mesmo tempo uma análise da dialética e do trabalho social. O estudo da dialética implicaria uma apresentação profunda da sua dimensão filosófica e política. Mas nosso objetivo não é uma discussão das questões filosóficas isoladas da própria prática do trabalho social na América Latina, embora tanto na Europa como nos Estados Unidos já exista uma sistematização sobre a aplicação do materialismo histórico ao Serviço Social.

Nos Estados Unidos chama-se de perspectiva radical o intento de buscar na teoria dialética os fundamentos de uma nova prática transformadora (Galper, 1980; Bailey e Brake, 1976).

Esta preocupação vem se desenvolvendo há uma década na América Latina. No entanto, ainda é muito recente. Poucos são os estudos e as contribuições à discussão profunda do trabalho social

---

* Trabalho apresentado no ciclo de debates promovido pelo Cras-SP, realizado em São Paulo de 4 a 7 de agosto de 1982 e mimeografado pelo Mestrado em Serviço Social da Universidade Federal da Paraíba.

em relação ao materialismo histórico e dialético. Os bloqueios para uma reflexão dialética sobre a prática advêm das condições históricas em que se desenvolveu.

1. Perspectiva histórica

Estruturada e enquadrada por organizações religiosas, em suas origens, a prática do trabalho social se inspirou e fundamentou, ideologicamente, nos valores religiosos tradicionais da aceitação do mundo como um desígnio imutável da "Providência".

Podemos dizer que o trabalho social consistia no reforço da moralidade e da submissão das classes dominadas. Era, portanto, o controle social da família operária para adequar e ajustar seu comportamento às exigências da ordem social estabelecida.

A ordem social supunha a submissão, o acatamento das relações sociais de dominação articuladas a uma ordem divina. Mas estas relações de dominação se estruturaram a partir das relações de produção enquanto forma de manter a acumulação do capital.

A moralização das classes dominadas era vista como um apostolado social, uma forma de salvação, rejeitando-se, ao mesmo tempo, toda forma de visão das relações sociais enquanto relações de classe, de exploração, de dominação, de luta, de conflito.

Os problemas sociais eram vistos apenas como uma falta de entrosamento, de harmonia nas relações entre grupos e indivíduos.[1]

---

1. Aliás, ainda hoje há quem atribua os problemas sociais às questões morais: "A modernização da sociedade exige cooperação [...]. Aos homens de boa vontade, aos limpos de coração, cabe contribuir com seu trabalho, com seu desprendimento, com sua perspicácia crítica, com sua participação lúcida e ativa na vida política, para a felicidade geral." Pouco antes, nesse discurso, havia-se responsabilizado pela crise também a sociedade, em razão da explosão demográfica e da "incontinência dos que, quebrando princípios morais, não

SABER PROFISSIONAL E PODER INSTITUCIONAL

O desentrosamento provinha dos abusos cometidos pelos grupos dominantes ou da rebelião dos grupos dominados. Corrigir os abusos ou abafar e atenuar as rebeliões parecia uma forma de arranjo das relações sociais.

Correção de abusos através de uma pregação às classes dominantes e atenuação das rebeliões pelo seu convencimento ideológico.

Abusos de uns e rebeliões de outros pareciam apenas defeitos das pessoas e não um problema das estruturas. Assim, a tarefa gigantesca do trabalho social parecia um verdadeiro castigo de Sísifo, ao tentar corrigir, um a um, os abusos e as rebeliões.

Esta tarefa parecia imprescindível aos trabalhadores sociais para aliviar o sofrimento e melhorar a situação de milhares de seres humanos. Ora, tentar realizar esta tarefa era já o resultado de uma visão ingênua e maniqueísta da sociedade. Ingênua porque pressupunha a solução dos problemas globais partindo de cada um deles isoladamente. Maniqueísta porque dividia o mundo entre bons e maus, abusadores e não abusadores, rebeldes e integrados.

Na verdade, convinha aos dominantes atribuir os problemas e imputar suas causas às próprias vítimas que os sofriam. Assim, as vítimas eram consideradas culpáveis de seus fracassos.

Esta ideologia liberal permitia às classes dominantes justificar uma ajuda arbitrária e paternalista às classes dominadas e, ao mesmo tempo, se autojustificar frente às exigências de sua relação com estas classes.

O desenvolvimento do processo de acumulação do capital através das formas específicas do modelo industrial produtivista e concentrador determinou novas formas de organização e mobilização das classes dominadas.

---

refreiam sua fome de lucro" (Discurso do presidente da República em 1º de maio de 1982. In: *Folha de S.Paulo*, 2 maio 1982, p. 33).

A própria urbanização também foi propiciando novas formas de agrupamento e mobilização da população submetida ao capital. A existência do conflito passou a ser reconhecida, mais ou menos claramente, pelas classes dominantes, mas ainda como uma disfunção, um desarranjo de elementos em um todo que deveria ser equilibrado.

No entanto, ficou reconhecido que já não era possível controlar a família operária, uma a uma, nem pensar nos problemas, um a um. Era necessário regular as relações globais entre grupos, setores e populações.

Este processo de regulação se faz através do próprio Estado, pela socialização de certos custos comuns aos capitalistas e pelo controle social extraeconômico necessário ao próprio desenvolvimento da produção.

A regulação não é cega, nem automática, nem maquiavélica.

O processo de regulação se faz pela pressão das próprias crises e das lutas sociais e, nem sempre e nem automaticamente, leva à perpetuação do regime, mas pode contribuir à sua transformação, em um momento de correlação de forças favoráveis às classes subalternas.

O trabalho social passou a incorporar a ideologia da tecnocracia, da planificação, como uma forma de regulação dos problemas sociais. Acreditava-se na eficácia de uma racionalidade global que propiciaria uma melhor adequação e distribuição de recursos e uma reequilibração dos conflitos.

As políticas sociais passam a ser uma forma de regulação das contradições do processo de acumulação, exacerbadas pelas próprias tendências históricas da acumulação e pela pressão das classes dominadas.

Entretanto, a atuação do Estado como assinalamos, não é automática, podendo situar-se nessa relação contraditória de forma também contraditória, independente da vontade dos homens. Assim, pode também significar uma certa exacerbação das contradições (Lojkine, 1981, p. 330).

A crise da planificação como forma de regulação e mais a organização e as lutas dos setores dominados levaram os trabalhadores sociais a uma crise. Crise não só em relação ao seu papel dentro das políticas sociais, mas também de seu compromisso, de seu posicionamento ideológico frente aos conflitos de classes e grupos sociais.

Esta crise provocou na América Latina ao mesmo tempo uma angústia frente às exigências de transformação da estrutura e às pressões das classes dominantes por manter seu sistema de dominação.

Os trabalhadores sociais buscaram uma resposta a este desafio, em primeiro lugar questionando a sua metodologia de ação. Questionamento que teve como alvo principal a própria ideologia do ajustamento da integração e da utopia da solução de caso a caso.

O referencial teórico funcionalista da reequilibração se tornou impotente para ajudar os trabalhadores sociais mais conscientes na solução desta crise profissional, e mais ainda no encaminhamento de ações que pudessem contribuir ao deslanchamento de novas formas de atuação.

Em alguns países da América Latina, no entanto, a própria classe operária já havia adotado formas de organização inspiradas no materialismo histórico e tinha como política a transformação da sociedade. Exemplos disto são as organizações dos partidos populares, entre eles os socialistas e comunistas. Outros movimentos políticos também surgiram na década de 1960, como a revolução cubana e movimentos guerrilheiros. Em terceiro lugar, movimentos de massa pelas reformas sociais desabrocharam e se estruturaram tanto nas cidades como no campo. No Chile, por exemplo, as lutas pela reforma agrária, pela habitação, pelos serviços, mobilizaram grande contingente de massas camponesas e urbanas.

O contato dos trabalhadores sociais com estes movimentos, com a discussão do marxismo na universidade, nos movimentos populares, permitiu que o materialismo histórico e dialético se tornasse uma alternativa teórica capaz de abrir perspectivas à prática da profissão.

Alguns assumiram a visão materialista como uma ação militante. Para eles já não mais era possível separar a ação política imediata da luta pelo poder, da atuação profissional.

Outros se recusaram terminantemente a ver esta perspectiva fechando-se na posição conservadora e negando mesmo a possibilidade de uma discussão teórica a respeito.

Assim, a luta ideológica se deslanchou no interior da profissão, fazendo-se nessa última década cada vez mais clara.

A discussão da relação entre a dialética e o trabalho social se tornou presente entre os trabalhadores sociais, em primeiro lugar, com relação ao método de trabalho. Buscava-se, como vimos, uma resposta à crise profissional.

2. Dialética e Metodologia

No momento mais agudo da crise do método de planificação buscavam-se novas bases para a estruturação metodológica do trabalho social. No processo de planificação supunha-se uma série de etapas que iam desde a informação ao diagnóstico, ao estabelecimento planos-programas-projetos, à sua execução e avaliação.

O pensamento dialético contribuiu, então, para dinamizar relações entre estas etapas e, como crítica à visão positivista, reduzia o plano a um etapismo rígido e linear.

Contribuiu também para a crítica da visão positivista da redução da ciência ao observável e à descrição da ordem estabelecida.

A dialética, como forma de pensar o concreto através da construção de categorias abstratas que tratem de apropriar o real pensamento, busca compreender o movimento do real enquanto processo dinâmico e contraditório e não como uma série de etapas rígidas preestabelecidas.

Do ponto de vista dialético, a metodologia não é um conjunto de regras, mas uma consciência dos processos globais historicamente dados em uma relação contraditória e globalizadora. O método deve adequar-se ao objeto e não o objeto ao método. A relação linear e causal entre variáveis e setores é uma forma apenas de controle imediato, enquanto a dialética supõe a construção de categorias que permitam uma articulação global do particular ao geral e do geral ao particular.

Além disso, a crítica ao Positivismo levou a considerar a ciência como uma elaboração social, institucionalizada, como resultado das lutas sociais e não como um discurso isolado. A ciência não pode confundir-se com o discurso da própria ciência.

Mas a contribuição da dialética às vezes foi tomada de forma idealista, como a passagem do conhecimento de formas sensíveis a formas racionais. Esta racionalidade significava ordenar o mundo sensível, separando-se, portanto, diagnóstico e observação, fatos e interpretação, pensamento e ação. Esta separação traduzia a própria desvinculação feita, no modelo dominante da planificação, entre diagnóstico e plano, informação e programa.

Assim, parece que a ação profissional ordenaria racionalmente o mundo sensível da população por uma intervenção progressiva do trabalhador social.[2]

---

2. Maria Angélica Gallardo Clark (1974, p. 45-72) situa o processo da intervenção e do conhecimento nas etapas: sensorial, perceptiva, abstrata e de investigação, diagnóstico, programação, execução e avaliação. Boris Lima (1974) também separa o conhecimento sensível do racional, de acordo com o processo de planificação.

Neste momento, e nesta perspectiva, havia uma preocupação com o enfoque científico e metodológico do trabalho social, com a relação teoria-prática (Ramalho, 1982).

A crítica ao Positivismo levou também à necessidade de situar o trabalho social no contexto capitalista, no modo de produção capitalista. Isto significava uma rejeição da concepção das relações sociais apenas como relações interindividuais.

No entanto, outros tinham uma visão humanista da Dialética.[3]

A ênfase se coloca, então, no sujeito ator de sua história, na crença em uma evolução progressiva e humanizante da sociedade. O conceito de liberação foi tomado no sentido subjetivo, enquanto liberação pessoal pela conquista de um novo significado histórico dado pela consciência individual aos fenômenos e às situações vivenciadas.

Esta visão humanista vincula-se a uma visão idealista da própria dialética enquanto a concebe como uma forma de transformar a realidade pelo pensamento, por novas maneiras de conceber a realidade. As transformações dependeriam de novas concepções e não o contrário, isto é, novas concepções nascem e surgem no próprio processo de transformação.

3. Transformação e Dialética

A expressão prática-transformadora aparecia, então, como uma palavra de ordem do trabalho social. Estas práticas eram

---

3. Ver sobretudo Ander-Egg (1975, p. 210). Diz ele: "Para nós, o conceito de liberação se constrói sobre dois pressupostos:

— que há uma evolução da humanidade para fases que significam qualitativamente uma ascensão humana; e

— que o homem é construtor, fazedor da história ou, o que significa, a que mesmo é responsável no conduzir da evolução".

SABER PROFISSIONAL E PODER INSTITUCIONAL

concebidas de forma isolada das estruturas. As práticas dos atores seriam formas de ação dos sujeitos e não estruturadas pelo próprio processo de acumulação. Neste sentido a obra inicial de Poulantzas contribuiu para criar esta dicotomia entre práticas e estruturas (Lojkine, 1968).

Esta concepção da prática transformadora foi também tomada pelos conservadores como um romantismo acadêmico, como uma forma de desvinculação das realidades institucionais.

Na verdade esta concepção consiste numa visão do trabalho social numa perspectiva voluntarista e idealista, ao conceber a transformação sem ter em conta a correlação de forças permanentes e conjunturais.[4]

A utilização do diálogo, da comunicação do trabalhador social com as classes oprimidas é a forma privilegiada de ação dentro da visão humanista. Mas é uma via que tem que ser explorada e colocada de forma complexa em cada sociedade, pois o diálogo é uma mediação que se situa, por sua vez, numa relação complexa de forças e não depende só de uma opção pessoal.

As relações entre o profissional e a população, ou os usuários do trabalho social, situam-se nas relações mais complexas do Estado com a sociedade, da base com as superestruturas, das organizações do proletariado com as organizações das classes dominantes.

O conceito de transformação passou então, para alguns, a ser visto e reduzido a uma questão de opção, ou não, por um trabalho político em favor de uma revolução radical, a curto prazo, numa perspectiva vanguardista, levando-se ao extremo a separação entre práticas e estruturas.

---

4. No projeto da Escola de Trabalho Social da Universidade Católica de Valparaíso já havíamos colocado a questão da análise das forças sociais de transformação como elemento metodológico.

O vanguardismo pensa levar o saber ao proletariado desde fora, desde o exterior da classe, vendo o trabalhador social fundamentalmente como um agente ideológico capaz de conscientizar a classe proletária de seus próprios interesses de classe.

Esta consciência seria desenvolvida pelo trabalho ideológico, que levaria o proletariado a se organizar e a se mobilizar contra o Estado opressor e os capitalistas exploradores. A luta pela transformação implicaria a destruição das formas impostas pelo Estado às classes populares.

Esta radicalização levou muitos trabalhadores sociais que trabalham nos aparelhos do Estado a recusar toda forma de compromisso com a transformação, pois esta implicaria a destruição do seu próprio emprego. Como conceber a destruição do Estado sendo que é no próprio aparelho do Estado que trabalha a maioria dos profissionais? Esta forma de conceber a transformação *parece* também fundamentar-se na Dialética. Esta seria vista como uma dicotomização entre blocos dominantes e dominados, como luta de classe contra classe, dividindo-se a sociedade numa oposição sistemática, que perpassaria todos os aparelhos e mesmo o pensamento individual.

A dicotomização, em realidade, não corresponde ao pensamento dialético. A visão dialética supõe a unidade dos contrários em movimento permanente e não em oposição rígida, e supõe a análise da totalidade através de mediações complexas.[5]

As mediações são construções de categorias que permitem a análise complexa de situações concretas, e não a sua simples interpretação abstrata isolada.

---

5. Consultar, por exemplo, Konder (1981, p. 47): "Para que nosso conhecimento avance e o nosso laborioso (e interminável) descobrimento da realidade se aprofunde — quer dizer: para nós podermos ir além das aparências e penetrar na essência dos fenômenos —, precisamos realizar operações de síntese e de análise que esclareçam não só a dimensão imediata como também, e sobretudo, a dimensão *mediata* delas".

SABER PROFISSIONAL E PODER INSTITUCIONAL 127

A transformação social é um processo de mediações complexas e não de oposições rígidas. Conceber a transformação como uma inversão de situações em que o oprimido passa a ser o opressor é negar todas as mediações pelas quais passa a própria dominação. A negação da sociedade existente não é a inversão mecânica das situações dadas, mas um processo de mediações historicamente possíveis.

Um dos conceitos que permitem compreender a passagem e a transformação de uma sociedade em outra sociedade é o de hegemonia e contra-hegemonia. Hegemonia significa, em primeiro lugar, a capacidade de direção, de fazer-se aceitar, de obter o acatamento e o consenso do conjunto da sociedade a partir da organização e da ação de um grupo em relação aos demais grupos de sociedade. Gramsci destaca justamente a criação desta vontade coletiva, consciente, pela integração do pensamento à ação pelos intelectuais orgânicos. Esse momento do qual fala Gramsci significa justamente a compreensão do papel das superestruturas na transformação e enquanto lugar em que se toma consciência da própria estrutura.

A ação transformadora das superestruturas e a função dos intelectuais na sua organização é um processo permanente de mediações, de estabelecimento de estratégias e práticas de lutas para avançar e de capacidade de recuar, e não um processo linear de avanços sem recuo. A transformação do autoritarismo e da exploração supõe a criação de práticas democráticas, de crítica à exploração existente para ir-se criando um novo consenso no próprio cotidiano.

É necessário criticar o senso comum não de forma desordenada e espontânea, mas sistemática, coerente, organizada, sem o voluntarismo idealista que parte das capacidades individuais ou de esquemas de capacitação trazidos de fora para dentro. A capacitação política não é uma iluminação individual, mas a criação de estruturas orgânicas de reflexão em que o processo da prática é relacionado com as estruturas, e os movimentos ocasionais e conjunturais com os movimentos permanentes.[6]

O processo de mediação das categorias de conhecimento vincula-se à prática pela mediação dos movimentos e organizações que se servem das categorias para análises concretas das forças e proposição de alternativas estratégicas, questionando na prática, os instrumentos teóricos, que assim também se realimentam. A autonomia do teórico não é teoricismo, mas a *autonomia vinculada* à prática, direta ou indiretamente. As mediações supõem alianças, divisões, utilização do próprio Estado ou recusa da utilização do Estado, dependendo da correlação de forças em cada momento.

4. Reprodução e Dialética

A crítica ao metodologismo e ao cientificismo do Serviço Social não foi feita a partir do conceito de hegemonia e de mediação, mas a partir do conceito de reprodução.

Aparentemente reprodução e transformação são contraditórios. Poderia haver uma *práxis* transformadora em instituições que

---

6. Gramsci (1980, p. 46) diz, a respeito da estrutura e da superestrutura: "A estrutura e as superestruturas formam um 'bloco histórico', o conjunto complexo, contraditório e discordante das superestruturas é o reflexo do conjunto das relações sociais de produção." Mais adiante afirma: "Pode utilizar-se o tema 'catarse' para indicar a passagem do momento meramente econômico (ou egoísta-passional) para o momento ético-político, quer dizer, para o momento da superior elaboração da estrutura em superestrutura, na consciência dos homens. Isto significa também a passagem do Objetivo para o Subjetivo e da 'necessidade' para a liberdade'. A estrutura de forças exteriores que domina o homem, o assimila e o torna passivo transforma-se como meio de liberdade, como instrumento para criar uma nova forma ético-política, origem de novas iniciativas" (Gramsci, 1978, p. 71-2).

SABER PROFISSIONAL E PODER INSTITUCIONAL 129

reproduzem o capital, ou a prática transformadora deve ser separada da estrutura da reprodução? A reprodução das relações sociais predomina sobre a transformação? As transformações possíveis são meros arranjos para melhor realizar a reprodução?

É necessário aclarar o conceito de reprodução para poder relacioná-lo em seguida com o de transformação.

Para alguns autores, considerado do ponto de vista da reprodução, o trabalho social é uma das condições da manutenção da acumulação capitalista.[7]

Realizar o trabalho social seria a mesma coisa que produzir sapatos, isto é, contribuir para a extração de mais-valia. Assim, ao prestar serviços, capacitar indivíduos, o trabalho social estaria valorizando a força de trabalho, propiciando uma melhor utilização da mesma na acumulação do capital. E, mesmo considerado como consumo, o trabalho social seria uma condição da acumulação, pois, para alguns (Maguiña, 1979, p. 25), todo consumo proletário é produtivo, porque leva a uma demanda que, por sua vez, implica acumulação.

Nesta perspectiva, a população está determinada pela atividade econômica, e a reprodução das classes sociais permite a reprodução da acumulação do capital.

Em primeiro lugar, é necessário considerar o consumo como uma esfera ao mesmo tempo vinculada e separada da produção. O consumo individual é diferente do consumo coletivo de serviços. Este se relaciona com a produção de uma forma global, como os

---

7. A respeito, consultar Alejandrino Maguiña (1977, p. 21-2); Parodi (1978, p. 36): "É esta compreensão da reprodução da separação do trabalhador social de seus meios produtivos o substancial para entender de que forma o consumo proletário (e, portanto, os serviços do trabalhador social integrados a ele) reproduz uma condição de classe explorada, e portanto, uma determinada relação de classes sociais, no interior de uma sociedade de natureza capitalista."

meios de transporte, educação, habitação, saúde, recreação. Este consumo coletivo não interfere *diretamente* na produção de um bem material.

É diferente considerar a matéria prima necessária à produção de um sapato e o transporte necessário ao trabalhador para produzir este sapato. A vinculação do consumo à produção não significa automaticamente que o consumo por si mesmo produza mais-valia.

Pode acontecer mesmo que o desenvolvimento dos serviços venha a acarretar gastos e dispêndio de mais-valia, e venha a ser até contraprodutivo. Assim, por exemplo, a escola pode ter um efeito de inadequar a mão de obra ao capital, os gastos de saúde podem significar a produção de mais doenças, os gastos com a Justiça podem não diminuir o crime e, no entanto, são mantidos.

Na produção de um serviço é necessário distinguir a atividade e o resultado, ou melhor, a eficácia desse serviço e o meio utilizado para prestá-lo. Assim, no Serviço Social realizam-se visitas, entrevistas, reuniões, assembleias, manifestações, que são atividades cujos resultados em termo de eficácia, são dificilmente mensuráveis. Na realidade, cursos e conferências podem ser considerados produtivos sob a ótica do capital, mas diferentemente sob a ótica dos trabalhadores.[8]

Sob a ótica do capital são produtivos os serviços que produzem mais-valia, isto é, valorização do capital. Numa escola particular, as conferências, evidentemente pagas, podem valorizar o capital do dono dessa escola, mas devem ser consideradas a partir das relações em que elas se produzem.

---

8. A frequência a um curso, a realização de uma entrevista podem ser uma fuga da produção.

SABER PROFISSIONAL E PODER INSTITUCIONAL

131

Já em outra esfera de relações, como aquelas estabelecidas e controladas pelo Estado, produzem-se gastos e atividades que não são diretamente vinculados à esfera produtiva. O Estado representa uma organização separada dos capitalistas individuais e, para enfrentar o processo de acumulação e crise, de desequilíbrios e perturbação da ordem social, realiza gastos que são considerados *faux frais*. São gastos indispensáveis, mas não diretamente necessários, pois servem para enfrentar condições aleatórias sobrevenientes ao processo produtivo (Singer, 1981, p. 101-33).

Em relação ao trabalho social a questão é bastante complexa e não pode ser reduzida exclusivamente a uma visão economicista. O reducionismo do trabalho social à esfera exclusivamente econômica tem consequência na concepção do próprio trabalhador social. Se o trabalho ou o Serviço Social é nada mais que reprodução da força de trabalho, do capital, das relações capitalistas determinadas pelo modo de produção capitalista, parece que não há lugar para a transformação, para a mudança. Assim, nada mais restaria que o imobilismo, a impotência e a impossibilidade de, através desse tipo de ação, contribuir para o processo de transformação.

Esta concepção leva também à separação, de maneira rígida, entre ação ou prática política e as estruturas capitalistas. Concentra-se exclusivamente em atividades políticas que estariam, então, desde fora das estruturas, para combater o capitalismo. Logicamente o trabalho social transformador não teria nenhum lugar dentro das instituições capitalistas.

O trabalho profissional existente em instituições como escolas, hospitais e agências de prestação de serviços seriam mecanismos exclusivos da exploração. Alguns consideram que não há por que trabalhar neles e se estabelece um impasse concreto. O exercício de um trabalho transformador só seria possível quando não fosse mais pago por uma instituição capitalista.

5. Complexidade e mediação do trabalho social

No entanto, a prestação ou a realização do trabalho social é extremamente complexa. O trabalho social se situa de forma diversificada numa empresa, numa instituição particular e na estrutura do Estado. Evidentemente que numa empresa o trabalho social se refere mais diretamente à programação e às exigências impostas pelo patrão sem, contudo, ser um trabalho diretamente produtivo. Nessa situação, pode realizar programas de atribuição de empréstimos, realização de cursos, capacitação, mas ainda assim seus resultados são aleatórios.

Em uma instituição particular, sem fins lucrativos, o trabalho social situa-se na relação capitalista, mas não está submetido à lógica do lucro, pois nessas instituições não há produção direta de mais-valia.

Os serviços sociais prestados dentro do aparelho estatal referem-se a serviços que não afetam de forma específica e direta a produção material, mas o próprio trabalhador. Nesse caso, sendo o trabalhador o objeto da ação do Estado, evidentemente há um efeito complexo e contraditório nessa ação. As próprias necessidades do trabalhador são burocraticamente estabelecidas e não existe uma relação direta e específica entre estes serviços e necessidades diretamente vinculadas à produção de determinados bens. São serviços contraditórios, e para compreendê-los é necessário ter em conta sua especificidade, as relações em que estão inseridos e sua posição histórica. É impossível analisar os serviços sem considerá--los historicamente.

O próprio capital pode ser improdutivo na medida em que não esteja diretamente afeto à produção de mais-valia, por exemplo, o capital comercial que realiza o valor. Nem por isso está separado da produção capitalista, mas é necessário distinguir claramente as duas esferas. Produzir e vender sapatos são momentos ao mesmo tempo articulados e separados.

Há que superar as concepções economicista da estrutura, instrumentalista do Estado e expressiva do partido, para situar o trabalho social numa concepção dialética.

A concepção economicista esquece que o econômico é político, que a reprodução do capital, da força de trabalho e das relações de exploração se faz de forma contraditória. As classes sociais não são atores fora da estrutura, não têm uma prática separada da estrutura. As classes são estruturalmente determinadas e constitutivas da estrutura. Não há estrutura capitalista sem classes, sem luta de classes.

As classes tampouco são conjuntos homogêneos, permanentemente estabelecidos, mas articulam-se na luta, no conflito.

As práticas de classe são, por sua vez, diversificadas, mediatizadas de forma complexa por grande diversidade de mediações.

As lutas de classes não são preestabelecidas por um esquema rígido e estático, mas articulam-se historicamente segundo as relações de força e as conjunturas que se estabeleçam, com estratégias e táticas diversificadas.

Estas classes dependem fundamentalmente do modo de produção-dominante, isto é, são burguesia e proletariado, mas numa formação social existem vários modos de produção. No Brasil, Francisco de Oliveira (1981, p. 20-25) fala até de classes inacabadas, no Nordeste. Estas classes são constituídas de massas humanas ainda não estruturadas definitivamente pelo modo de produção capitalista. Perambulam de trabalho em trabalho, sem especialidades, sem uma capacitação definitiva, sem um projeto político, isoladas e ainda ideologicamente dominadas.

Os movimentos sociais e os partidos são formas de organização que se articulam com o interesse das classes, de maneira diferenciada.

O partido é uma das formas que pode oferecer unidade, orientação, serviços a distintas práticas de classe, mas não há uma relação biunívoca e exclusiva entre um partido e uma classe. Um partido pode agrupar distintas classes e ao dizer-se representante de uma delas não há uma exclusividade entre ele e a classe, e pode mesmo vir a contradizer os interesses da classe.

O Estado, por sua vez, é uma condensação de relações sociais, ricas, poliformes que se estruturam dialeticamente. Evidentemente, na sociedade capitalista o Estado é uma forma de organização da coerção e da violência das classes dominantes e também do consenso e da persuasão. O Estado é uma forma coercitivo-repressiva e, ao mesmo tempo, persuasivo-consensual.

O Estado não é árbitro dos conflitos, não é a eliminação da guerra de todos contra todos, e se situa contraditoriamente numa sociedade de classes.

Se a sociedade é, como diz Gramsci, gelatinosa, desestruturada, pode predominar a forma coercitiva, mas sem descartar a formação do consenso.

Nas sociedades capitalistas o Estado vem ampliando cada vez mais sua ação hegemônica, seus aparelhos, suas conexões com a sociedade civil, na medida em que interfere e intervém na gestão dos conflitos cotidianos e do trabalho para diminuir sua agudização e manifestação. O Estado articula desigualmente interesses e conflitos e nele predominam os interesses das classes dominantes. Não é o instrumento rígido dessas classes nem tampouco é totalmente autônomo em relação a elas. As lutas das frações da burguesia se refletem nas políticas sociais, assim como as lutas das classes dominadas.

As relações entre superestrutura e estrutura são complexas. Chamamos atenção para a distinção que Bobbio (apud Pizzorno, 1980) faz entre Gramsci e Marx. Segundo Bobbio, em Marx a

SABER PROFISSIONAL E PODER INSTITUCIONAL 135

sociedade civil é o *locus* das lutas, e o conjunto das relações de produção forma a estrutura da sociedade. Para Gramsci o nível superestrutural representa a passagem do momento puramente econômico ao momento ético-político, ou seja, a elaboração superior da estrutura em superestrutura na consciência dos homens, o passo do objetivo ao subjetivo, da necessidade à liberdade.

Para Gramsci, a conquista da hegemonia implica a formação do consenso antes mesmo da estruturação da instituição, enquanto para o próprio Marx as ideologias derivam das próprias instituições, para posteriormente justificá-las. O bloco histórico é essa unidade entre estrutura e superestrutura. A conquista do poder não implica somente a coerção, mas o exercício da direção cultural, como forma de trabalho político-ideológico.

Estas contribuições de Gramsci mostram que as instituições são dinâmicas e que a reprodução das relações sociais nas instituições se dá de forma contraditória e heterogênea, de acordo com as correlações e articulações de forças.

Se há predomínio da reprodução do capital e da força de trabalho enquanto energia para o capital, evidentemente é porque as forças do capital são predominantes e as classes populares subordinadas.

A reprodução da força de trabalho para o capital e a teoria da reprodução necessitam ser colocadas neste contexto de relação de forças.

A reprodução não é um processo conspiratório, maquiavélico e mecânico. Não se trata de um esmagamento preestabelecido do proletariado e de uma estratégia consciente para estrangular toda forma de manifestação da vontade popular e nem uma regulação automática do capital.

A concepção dialética do trabalho social supõe a eliminação das visões conspiratórias, maquiavélicas e automáticas do capitalismo. Ainda que dominada, existe uma ideologia proletária, existe uma organização popular dominada, subjugada, mas também subjacente.

A utilização da instituição pelas classes dominantes como freio à organização das classes dominadas, como regulação de certos conflitos, e mesmo como atendimento a certas reivindicações populares, mostra que elas se situam num contexto complexo de relações sociais.

As classes dominadas constituem forças mais ou menos organizadas na medida em que sejam capazes de tomar consciência de seus interesses e de se mobilizarem para realizá-los.

Quando as classes subalternas se organizam e se mobilizam elas se transformam em força. A força social supõe essa dupla dimensão de mobilização e organização. A mobilização se refere à capacidade de colocar em ação uma estratégia efetiva para realizar seus interesses em relação aos interesses opostos.

Esses interesses são objetivamente determinados pelas relações de exploração e dominação. São formas contraditórias de relações de poder e de produção da mais-valia. Isto implica a luta pela conservação ou transformação das formas de produção da mais-valia e de tomada ou manutenção do poder. A mobilização implica uma autoconsciência de certos interesses imediatos e a luta pela modificação dessas relações de exploração e dominação.

Uma organização implica a autoconsciência dos interesses e a articulação de recursos e estratégias para realizá-los.

As classes dominantes se organizam e se mobilizam para conquistar o consenso e o acatamento das classes subalternas. Segundo Gramsci, os planos superestruturais são constituídos pelos organismos privados e pela sociedade política a que correspondem as funções de consenso e dominação. Evidentemente, consenso e dominação não estão estaticamente separados, uns nas instituições privadas e outros nas instituições políticas, mas sua análise depende da perspectiva na qual são consideradas.

A transformação dessas relações de consenso e dominação implica a força de uma contra-hegemonia, de um contrapoder que possa, a partir da situação de saber e poder existentes, colocar a problemática da transformação.

A transformação ou a *práxis* transformadora não é uma realização repentina, súbita, de um projeto ideal, mas supõe a acumulação de forças, a que Gramsci chama de "política miúda". A ação política não está isolada das lutas cotidianas. Ao contrário, realiza-se nelas e a partir delas, vinculada à transformação das relações de poder e de exploração.

As relações de poder não são anteriores ou posteriores às relações de exploração, mas se implicam mutuamente.

A prática imposta pelas instituições consiste em separar os problemas e atribuir recursos para contrariar e conter o desenvolvimento do poder e do saber das classes subalternas. Um problema só se torna objeto da atuação institucional porque é uma questão complexa, disputada por distintas forças, e na ótica da instituição ele é apresentado como carência e a classe dominada como cliente, vendo-se a solução do mesmo como um recurso proveniente de cima para baixo.

A transformação de um pedido de um "cliente" em reivindicação e dele em reivindicador é uma mudança de relação que desloca a ótica do problema, pois a solução passa a depender da força para obter essa solução e não exclusivamente do recurso institucionalizado.

A transformação de uma relação de doação numa relação de conquista implica uma nova articulação dos movimentos existentes e a vinculação desses movimentos ocasionais com outros mais profundamente políticos e permanentes, como assinala Gramsci.

Esses movimentos podem vir a controlar, de formas diversificadas, as próprias instituições, e assim recolocar a problemática da doação e do recurso que aparece em muitas delas.

A visão dialética do trabalho social é ao mesmo tempo histórica e estrutural. Histórica, no sentido de partir das forças em presença, em cada conjuntura, em cada momento, forças gerais e específicas, vendo-se a situação imediata e a mediatizada. Estrutural enquanto coloca a atuação, a prática, na totalidade contraditória das relações de exploração e de dominação.

Se as forças populares são débeis, recursos e serviços situam-se num projeto mais paternalista. Se as forças populares são fortes, evidentemente mudam as relações institucionais, e recursos e serviços se colocam numa perspectiva de direitos ou mesmo de abertura a novas relações sociais.

A compreensão da problemática em jogo, das relações sociais, das forças em presença, da conjuntura, dos espaços institucionais, da contra-hegemonia, é o que pode transformar o trabalho social num movimento real. A dialética do trabalho social consiste justamente em transformá-lo num movimento vinculado ao processo global de transformação da sociedade.

A transformação é um processo no qual se situa o trabalho social e não é dependente dela, pois o trabalho social é apenas uma operação profissional que tem sua especificidade política e técnica. A compreensão da dialética do trabalho social passa justamente pela situação e pela compreensão dessa especificidade.

O trabalho social é contraditório e heterogêneo, apresentando-se de forma diversificada nas instituições, com tarefas variáveis e um objeto de ação permanentemente construído.

A transformação das relações sociais, das relações de força, necessita partir dessa pluralidade de formas em que se manifesta o trabalho social. Pluralidade também de reprodução, pois esta não é isolada da transformação e nem vice-versa.

A luta das classes dominadas por transformar relações necessita de estratégias e táticas. Esta luta pode levar e desembocar apenas numa regulação imediata por parte do Estado de mecanismos institucionais, como prestação de recursos ou uma regulação política mais geral, que implica a reprodução das relações sociais globais. Pode também levar à exacerbação de certas contradições, agudizando os conflitos.

Os mecanismos de legitimação podem se transformar em objetos de luta, de confronto, apesar de as classes dominantes não desejarem ver seu poder questionado ou ameaçado.

A distribuição de recursos, os planos de emergência, os serviços institucionais não raro se transformam em pleito, em demanda, em crítica, em conflito.

Aquilo que estratégica ou taticamente foi estabelecido para controlar sai do controle das classes dominantes. Arrancar certos espaços a este controle, passar o controle às classes dominadas é uma questão de poder que vai perpassando o cotidiano.

O poder perpassa as organizações populares. A estratégia das classes dominantes é manter-se no poder, mas este poder não é absoluto. Nem mesmo nas instituições fechadas como as prisões, onde explodem as revoltas e se planejam novos crimes.

É preciso que as organizações, os grupos, os indivíduos das classes populares tenham o saber desse poder, desse contrapoder. Para isto pode contribuir o trabalho social, com seu saber específico.

Este saber implica, portanto, situar-se na dialética das forças sociais e na utilização de mediações complexas de análise e ação. Nada de mais antidialético que o imediatismo.

Capítulo 8
Regulação e articulação:
dois paradigmas metodológicos do trabalho social*

> A própria essência da reflexão é compreender que não se havia compreendido (Gaston Bachelard. *Epistemologia*, trechos escolhidos por Dominique Lecourt. Rio de Janeiro: Zahar, 1983. p. 113)

> *Mudando de métodos a ciência se torna cada vez mais metódica* (idem, p. 125).

A questão da metodologia do Serviço Social foi enfatizada durante a década de 1970 como uma forma de retomar o debate teórico e prático da profissão. No entanto, esta ênfase levou a certos exageros. Teoricamente passou-se a considerar a discussão metodológica como a única forma de encaminhamento da sistematização da atividade profissional. Considerou-se o método como um conjunto fixo de regras que, uma vez aplicadas, deveriam produzir

---

* Trabalho mimeografado pela Universidade de Brasília (Série *Serviço Social*, n. 14, 1984).

sempre ou quase sempre os mesmos resultados. Este esquema foi criticado por Leila Lima e Roberto Rodrigues (1983, p. 19-48) como o desvio metodologista da profissão. Mesmo dentro de uma concepção chamada marxista, há quem estabeleça como *permanente* em Marx o núcleo metodológico central, deixando variar as análises de conjuntura. Se é verdade que as questões metodológicas são importantes, por outro lado é também necessário considerar que elas são historicamente determinadas. Além do mais, o método é o desenvolvimento, o desdobramento de uma reflexão sobre um determinado objeto no próprio pensamento. Elaborar o método significa, pois, a reflexão rigorosa do caminho percorrido dentro de um amplo debate das várias alternativas possíveis de percorrer este caminho. Assim, a questão metodológica não pode ser fechada num único esquema, por ser historicamente determinada e também condicionada pelo próprio objeto, situando-se num contexto teórico construído. O método é, pois, uma construção do conhecimento que reflete sobre ele mesmo, sobre os passos, falhas, processos, objetivos e, fundamentalmente, sobre o objeto desse conhecimento. Para se estabelecer o método é necessário conhecer seu próprio conhecer, refletir sobre a própria reflexão e representar a relação dessa reflexão com a realidade e as mediações do próprio conhecimento.

Por outro lado, do ponto de vista da prática, confundiu-se a questão metodológica com a elaboração de uma série de etapas que pudessem levar a uma maior *eficácia* no trabalho institucional. O processo de planificação tornou-se o mecanismo de sistematização das práticas e foi erigido em esquema universal da atividade profissional, ou melhor, da sistematização das operações profissionais. O objetivo desse esquema era aglutinar num ou numa série de momentos certas etapas, procedimentos e técnicas utilizados nas atividades profissionais. Não se pode negar que o Serviço Social utiliza procedimentos de diagnóstico, elaboração de programas e projetos, controle de atividades e avaliação por resultados. No entanto, esse arcabouço de operações práticas se inscreve num contexto político e teórico muito mais complexo. Em primeiro lugar, situa-se numa determinada correlação de forças que objetiva a racionalização de recursos em função daquilo que os próprios tecnocratas chamam de "necessidades". Esta racionalização tecnocrática busca alcançar certos objetivos políticos que são mediatizados pelo procedimento da planificação, utilizada como justificativa de um "bom" proceder. Ao mesmo tempo, a própria dinâmica social, modificada pelas pressões das classes subalternas e pelo processo de acumulação que limita os gastos sociais, tornava necessária a coordenação dos recursos disponíveis frente às reivindicações crescentes. A tecnologia da planificação serve para confrontar reivindicações e recursos e, ao mesmo tempo, para legitimar a redução de gastos sociais. É verdade que pode servir também para mostrar e denunciar esta redução de recursos na perspectiva política das classes dominadas. O importante é colocar este processo como uma tecnologia construída em função de determinados objetivos políticos, e ele se torna mais ou menos útil de acordo com as estratégias em jogo. O perigo de definir o Serviço Social como uma tecnologia é justamente o de reduzi-lo a um mero executor, em microprojetos, das grandes decisões políticas. E mais grave ainda, a um executor bem adestrado pelo treinamento dado nas técnicas de diagnóstico, planificação e avaliação, estabelecidos de acordo com objetivos predefinidos pelas classes dominantes.

Situada a questão, passemos agora a uma análise mais detalhada do processo de construção do saber do ponto de vista metodológico, dividindo-o em dois grandes paradigmas que, de maneira geral, vêm orientando a prática profissional: o paradigma funcionalista-tecnocrático e o paradigma dialético e político (Faleiros, 1983, cap. 8).

1. Metodologia da regulação

Aqui consideramos como regulação aquele processo metodológico que se situa ao nível da prática, e que consiste no estudo de certas situações-problema e na busca de uma compensação, a nível de recursos, para esta situação. A regulação combina a relação problema-recurso de acordo com certas normas institucionais preestabelecidas, tomando os problemas como desregulagens que podem ser reparadas através de mecanismos institucionais. Este tema está bastante analisado no conjunto dos textos que compõem este livro. No entanto, é necessário aprofundar ainda mais esta questão.

O processo de regulação parte do pressuposto de que as classes subalternas estão politicamente desintegradas e podem constituir, economicamente, uma fonte de expansão do capital pelo consumo e pela subordinação de certas formas de produção através da qual estão ligadas (por exemplo, os autônomos) ao desenvolvimento global da acumulação capitalista. Vejamos estes dois aspectos. A "desintegração política" implica, do ponto de vista das classes dominantes, a contestação da ordem social existente e a proposição de alternativas a esta ordem. A contestação, a crítica pode manifestar-se através da insatisfação individual ou coletiva. A insatisfação coletiva pode assumir formas de protestos mais ou menos mobilizadores e ameaçadores à ordem existente, desde que o volume e a extensão deste protesto se espalhe por segmentos mais ou menos representativos e amplos da sociedade civil. Assim, manifestações de ruas, canções, teatros, imprensa, igreja, escola, como organizações populares as mais diversas, podem tornar-se focos de questionamento. Neste sentido há uma resistência à direção e à hegemonia que as classes dominantes desejam desenvolver na sociedade civil pela aceitação de seu projeto político de manutenção da ordem social, isto é, das relações de dominação e exploração.

O desenvolvimento do processo de acumulação é contraditório e complexo, pois, ao implicar uma mudança na composição orgânica do capital e na baixa tendencial da taxa de lucro, leva a modificações que criam desempregos e recessão, mas, ao mesmo tempo, exigem novos mercados e, portanto, novos consumidores que, para comprar as mercadorias produzidas, necessitam de determinado nível de rendimento. Para obtê-lo, na sociedade capitalista, é necessário ao operário vender sua força de trabalho e/ou submeter-se às formas de prestação de "salários indiretos" pelo Estado (Brunhoff, 1976, caps. 1 e 2).

O modo de produção capitalista vai assim subordinando de forma desigual e combinada os indivíduos e outras formas de produção porventura existentes, para expandir e desenvolver-se, pois a produção é fundamentalmente dominada pelos grandes monopólios. As áreas de lazer, nutrição, saúde, previdência e habitação são incorporadas ao processo de produção capitalista não só pelo controle da produção desses serviços, mas pela expansão de formas "mercantilizadas pelo Estado" de compra e venda dos mesmos. Assim, a área de alimentação, ou melhor, a política de nutrição, pode desenvolver a distribuição de leite em pó na medida que haja uma superprodução das multinacionais, como também pode servir de meio de escoamento de produtos de segunda qualidade. A habitação, a educação e a saúde tornam-se serviços vendidos pelo próprio Estado e não raro com lucro, sobretudo no que diz respeito à moradia.

Do ponto de vista político, os mecanismos repressivos se tornam deslegitimadores e precisam ser combinados com formas que levem à integração e à participação da população nos projetos políticos existentes, através das atividades culturais, cívicas, socioparticipativas na sociedade civil e de mecanismos de cooptação institucional. A regulação política busca então a fragmentação dos grupos dominados para esvaziar seus protestos e a difusão e divulgação do projeto de direção global da sociedade para aceitação dos valores das classes dominantes. Neste sentido, a televisão vem exercendo um papel fundamental como "intelectual orgânico" dessa difusão. Através de outras instituições são estabelecidos mecanismos de participação, de integração e lazer que canalizam a incorporação dos grupos populares no projeto político dominante, como uma forma de atenuação de certas tensões sociais.[1]

A expansão capitalista desenvolve mecanismos de aumento do consumo, treinamento de mão de obra e formação de pessoal exigidos para a reprodução da força de trabalho, não só enquanto reposição e desenvolvimento da energia consumida no trabalho, mas enquanto reprodução da condição do trabalhador.

Tanto a *integração* como a *expansão* aqui analisadas levam à formulação de uma "metodologia de resolução de problemas" que tem como processo fundamental a planificação, mas cujas consequências são o desenvolvimento do controle político e da ocultação ideológica da relação de exploração e dominação. Vejamos estas consequências de maneira mais detalhada.

O processo de controle, na prática, não é separado do processo de ocultação, mas aqui são distinguidos apenas para destacá-los melhor. O controle social através de mecanismos de participação ou atividade e projetos de lazer, habitação, saúde ou outros próprios à prática do Serviço Social não é um objetivo explícito, claro, mas justamente edulcorado por estas atividades imediatas. Assim, o *imediato* é uma forma de *mediação* política, uma forma em que a questão do lazer, da recreação, que se torna mais ou menos premente

---

1. Ver nosso texto referente aos Centros Sociais Urbanos. In: *RIAC*, v. 9.

SABER PROFISSIONAL E PODER INSTITUCIONAL

para alívio das tensões das classes dominadas, torna-se politicamente importante na relação de forças sociais. O controle é um mecanismo complexo e não se resume apenas no estabelecimento de normas, procedimentos, burocracia, papéis, mas se insinua na presença de uma relação de saber profissional. É justamente aí que o assistente social exerce um papel central, pois ele penetra os grupos populares por dentro, conhece suas estratégias, seus líderes, seus locais de reunião, seus problemas, suas falhas e possibilidades, detendo, pois, através desta relação, o saber que vem de dentro desses grupos. Ao mesmo tempo, ele está dentro da instituição, ainda que de forma subordinada e sem acesso a todos os mecanismos, dispondo de certos recursos que são atribuídos, não raramente, a seu critério, a seu arbítrio, a grupos e indivíduos dos quais tem conhecimento. A sua metodologia de trabalho, do ponto de vista do controle consiste, pois, no estabelecimento de vínculos entre *normas*, *recursos* e *problemas* para definir e categorizar este último e elevá-lo à condição de questão institucional, retirando dele a sua relação com as forças sociais. O problema aparece friamente apresentado, tecnicamente estudado e politicamente com possibilidades de solução a médio ou longo prazos. A metodologia de solução do problema, ou melhor, de regulação, consiste justamente em isolá-lo do contexto e da força mobilizadora que possa ter para a população.

Esta metodologia busca definir e mostrar para a população o seu problema, mas na perspectiva da instituição, com os mecanismos de dilatação da questão e com justificativas de falta de recursos, na busca de fazer aceitar alternativas institucionais diferentes das propostas pela população, fazendo-a acreditar que a questão que a aflige e a preocupa poderá ser dimensionada e resolvida pelos mecanismos existentes.

O saber da população sobre a sua própria vida é expropriado por um conjunto de técnicas que constroem um outro saber, o saber considerado técnico ou mesmo científico sobre esta realidade. A questão de chamar-se o método científico, nos estudos sociais, pode tornar-se uma forma de esvaziamento de uma questão política, e de expropriação de um saber popular ameaçador à ordem social existente. Para isto há redução das questões estruturais às questões individuais e locais atribuindo-se os problemas à própria ineficácia, despreparo e desconhecimento que os atores *deveriam* ter dos mecanismos existentes estabelecidos pelo Estado ou pelas classes dominantes (atribuição de ignorância).

O processo de elaboração do *saber* chamado técnico e científico passa por condições de *poder* bastante *rígidas* e estabelecidas pelas instituições. Por exemplo, a elaboração de entrevistas e questionários exige que a população se apresente com hora marcada e leva à penetração do profissional em sua vida íntima, além de condicioná-la à espera, à ânsia de estar diante de perguntas desconhecidas. Leva-se a população a uma espécie de *exame* bastante tenso de suas condições de vida, não raramente acompanhado de *culpabilização*.

Por sua vez, a população se submete a estas exigências tendo em vista a obtenção de um alívio imediato ao processo de exploração e dominação, servindo-se também delas para sua sobrevivência e uma possibilidade de certa melhoria, ainda que fugaz e reduzida, no seu cotidiano. Na América Latina, as condições de favoritismo e clientelismo aumentam ainda mais as pressões das classes dominantes sobre as dominadas, além do mais reprimidas pelo autoritarismo.

A seguir analisaremos o outro paradigma do trabalho social, voltado para um processo político de articulação de forças para a solução dos problemas e não de isolamento do problema para desmobilização das forças.

2. Metodologia da articulação

Em oposição à Metodologia da regulação, nossa proposta tem sido a de considerar as relações sociais contraditórias para pensar-se um processo de articulação do trabalho social nesse contexto.

É necessário, no entanto, descartar desde o início uma concepção positivista da contradição, que objetiva fazer uma análise das relações a partir de uma observação externa, como se as contradições pudessem ser identificadas de forma isolada, levando-se em conta apenas algumas oposições em certos polos em conflito. Ao contrário, a contradição é movimento, luta, negação, superação numa totalidade complexa, mediatizada por relações complexas. A reflexão sobre a sociedade em conflito implica necessariamente a consideração das classes fundamentais dessa sociedade e mais ainda as relações entre essas classes, relações de exploração e dominação, e as relações com outras classes existentes numa formação social. As classes formam frações e alianças que se manifestam concretamente como forças sociais que se *mobilizam* e se *organizam* em torno de seus interesses gerais ou específicos.

A relação contraditória na qual se inscreve o trabalho social só pode ser entendida neste contexto de relações de classes. As contradições se manifestam, se apresentam sob a forma de relações, e o trabalho social nelas está inserido. Assim, um problema, uma questão apresentada pela população, por um indivíduo, são expressões das relações sociais e não o resultado estático de uma falha individual ou coletiva, mesmo aparentemente apresentado como falta de saúde, *falta* de habitação, *falta* de recreação, falta de alimentação. Os problemas vividos pela prática do assistente social são o resultado de relações complexas, e é na articulação dessas relações que pode ser visualizado o encaminhamento da superação de um problema e não de sua "resolução" através de um recurso institucional.

Há uma profunda diferença teórica e prática entre *superação* e *resolução* de problemas. A superação implica um movimento de forças específicas e gerais que vão condicionar a modificação dos efeitos das relações sobre uma determinada questão em jogo. A "resolução" é um mecanismo preestabelecido, predeterminado pelas instituições para, justamente, pôr fim ao processo, ao movimento.

Na Metodologia da articulação a apresentação de um problema é apenas um dos pontos de partida para a relação do particular com o geral, que se faz, ao mesmo tempo, através de uma relação política entre o assistente social e a população.

Para compreender-se os aspectos mais gerais de uma questão particular é necessária a construção de categorias abstratas que permitam a reflexão, pelo pensamento, dos aspectos ou da *forma* geral de uma questão apresentada de *forma* particular. *Transformar* a compreensão de uma questão é um processo de produção constante de conhecimento, articulando as categorias gerais às expressões, palavras e gestos apresentados através do *relacionamento* da população com o assistente social. Este relacionamento pode fazer-se através de vários procedimentos, como as entrevistas, a reunião, manifestações de rua, estudos, visitas, telefonemas.

Nesse *relacionamento* específico do profissional estão *presentes* as relações globais de forças. As contradições sociais podem ser ao mesmo tempo reveladas ou escondidas através desse relacionamento. É necessário, pois, distinguir *relação* e *relacionamento*, pois o segundo tem servido para camuflar a primeira. O *relacionamento* acolhedor, bondoso, receptivo do trabalhador social, tem sido utilizado para uma visão parcial (abstrata) da compreensão das próprias relações sociais contraditórias.

Daí decorre a necessidade de o trabalhador social ter em conta sua inserção no contexto de dominação para refletir teoricamente estas *relações* no contexto do *relacionamento*. O relacionamento é

SABER PROFISSIONAL E PODER INSTITUCIONAL

determinado pelas condições de trabalho do assistente social, com as *normas*, os *meios* disponíveis, e por isto mesmo aí estão compreendidas as relações de força, já que as *normas*, as *funções* e os *meios* são escolhidos pela própria instituição e assim se define o *campo* ou o *terreno* em que se dá o relacionamento. O terreno em que a população se apresenta é em geral determinado pela própria instituição. É num escritório, frente a um *bureau* ou numa sala já de antemão escolhida com regras de silêncio, de passagem e rituais de espera que a população é, em geral, atendida pelo assistente social. O relacionamento é, pois, uma relação de força. Frente a isto, que metodologia adotar?

A análise dessas condições de relacionamento e a tomada de consciência do *poder* em que se manifesta o *saber* profissional é crucial para que o assistente social se veja numa relação de força não só com a população, mas também com outros profissionais e com a própria direção da instituição, no contexto de elaboração das políticas sociais numa determinada sociedade capitalista. Um relacionamento é, pois, a mediação de relações que são articuladas de cima para baixo e que, por sua vez, podem ser articuladas de baixo para cima, em vários momentos, com a elaboração de estratégias e táticas de aliança e confronto.

A articulação consiste, pois, na elaboração consciente e consequente, teórica, política e técnica das relações sociais (vínculos) presentes no relacionamento profissional, para a constrição de estratégias e táticas de solução dos problemas, pela modificação das relações de força existentes, tendo em conta os interesses em presença nas questões complexas apresentadas.

Esta articulação é, ao mesmo tempo, técnica, profissional e política e não consiste numa determinada posição ou num determinado posicionamento de boa vontade face aos problemas apresentados, ou de simpatia pela população, e sim nas análises concretas das situações para pensar-se a produção de efeitos econômicos, políticos e ideológicos que permitam maximizar o relacionamento existente em função dos *interesses* da população nas suas relações de dominação e exploração.

Este posicionamento implica a criação de formas de comunicação em que haja uma horizontalidade no falar e onde o informar seja tomado como uma tarefa política para colocar a população a par daquilo que o assistente social sabe, pois, no processo de comunicação, há um confronto de saberes que são diferentes, mas que servem a políticas diferentes e estão em relação com interesses contraditórios. Este informar implica a mudança das relações de força do saber para que a população tome conhecimento das políticas institucionais de forma clara, simples e articulada com seus interesses, pois nas relações de força estão os limites para a sua mudança.

Nesse processo de comunicação estão presentes elementos fundamentais para a tomada de decisão, momento em que o assistente social pode analisar as alternativas e consequências de encaminhamento das superações de uma luta em função da força política existente na instituição e da força presente no movimento da população. Quando a população se apresenta isolada, fragmentada, tensa por uma situação de grande desgaste psicológico oriundo das relações de exploração, é necessário ter em conta esta realidade para encaminhar-se então uma alternativa que viabilize a produção de um efeito de alívio da tensão, para, ao mesmo tempo, encaminhar-se um debate, uma vinculação política com as próprias organizações da população. O processo de articulação consiste na formação de vínculos políticos para fortalecer a autonomia, a independência ideológica da população e a sua organização. Não se trata, pois, de uma vinculação clientelística, que é um dos objetivos da metodologia da regulação. É a vinculação entre o assistente social e a população através de mútua independência e

SABER PROFISSIONAL E PODER INSTITUCIONAL 153

reconhecimento da autonomia do profissional e da autonomia da população que deve decidir a melhor alternativa para a superação de um problema de acordo com a força existente. O assistente social pode, pois, "dar força" para o encaminhamento da produção de um efeito de ajuda caso a situação ou a contradição analisada naquele momento implique justamente a importância dessa ajuda econômica para a reprodução imediata ou a reprodução de energias da força de trabalho que dela necessite a população para melhor pensar politicamente esta contradição de exploração. O efeito político da ajuda deve ser, pois, analisado com a própria ajuda, considerando-se o saber da população, sua estratégia e a vinculação política que quer estabelecer com o Estado, as políticas sociais e a instituição, e analisando-se as estratégias e táticas da instituição.

A ajuda econômica é contraditória, pois, se por um lado tem um efeito de reposição de energia ou de reprodução da força de trabalho, por outro lado tem um efeito político que pode levar tanto ao clientelismo como à tomada de consciência das relações de exploração. O pedido de ajuda revela ou oculta a politização ou despolitização de uma determinada população ou indivíduo.

A análise das alternativas e consequências de uma ajuda implica, pois, um esclarecimento de como ela é vista pela própria instituição e pela própria população. O levantamento das divergências de perspectiva sobre a questão é fundamental no processo metodológico da articulação. Assim, o trabalhador social esclarece sua perspectiva, a da instituição, a do Estado, conjuntamente com a população, que se vê esclarecida pelas perspectivas anteriores e pela sua própria, para encaminhamento da questão específica no contexto e nas condições gerais existentes.

Assim, a prestação de determinados recursos dos quais dispõe a instituição pode variar de *formas*, de acordo com a perspectiva pela qual a população encara a questão, conforme a força de que dispõe e a estratégia e a tática a serem utilizadas. Uma vez ouvimos de um favelado a expressão "nós sabemos o que queremos, mas nós não temos a força", demonstrando que a população, não raro, tem a perspectiva dos seus interesses e formula claramente seus projetos de luta, mas não conta com a força suficiente para *impor* ou negociar seus interesses. Assim, é necessário tentar uma nova articulação de forças para que o problema possa ser encaminhado a curto e longo prazos de diferentes formas. A forma a curto prazo, de produção de um efeito imediato, pode ser articulada às formas políticas de organização e mobilização da população e/ou ao mesmo tempo enfrentar o imediato a partir das organizações existentes. A mudança de correlação de forças é um processo econômico, político e ideológico. A reposição de energias, a melhoria das condições de vida e de trabalho, a produção de novos conhecimentos sobre estas condições e estas realidades dependem, ao mesmo tempo, da mobilização e da organização do povo e das relações sociais gerais.

A fim de ilustrar esta questão, vejamos um exemplo. Em Goiás Velho, uma patroa, uma vez, despediu sua lavadeira porque estava reivindicando aumento da sua diária. A lavadeira foi embora e a patroa pôs-se a campo em busca de uma nova empregada. No entanto, todas encontradas propunham o novo preço já definido pela lavadeira despedida. A patroa mandou chamar a antiga lavadeira e contratou-a pelo novo preço, pois este havia sido definido e decidido pela associação de lavadeiras, que reunia bom número de associadas. Assim, o *problema*, a *questão* imediata se encaminhou por uma nova relação de forças, pois, sem a força da associação não seria possível a conquista de um novo preço para a diária de trabalho. A relação de força, assim, é também mediatizada por vínculos que se formam entre os movimentos coletivos e as ações individuais, entre as várias organizações da sociedade civil que defendem os interesses dos trabalhadores e pelas novas formas de compreensão das questões políticas que envolvem o relacionamento institucional.

À medida que, por exemplo, os direitos sociais são esclarecidos e a população deles toma conhecimento, há possibilidade de se encaminhar formas de relação de força para a sua defesa, questionando-se a relação de força própria do favoritismo e do clientelismo, empresas no processo de regulação assistencial.

A análise sistemática da conjuntura e da estrutura é fundamental para uma Metodologia da articulação, pois em cada momento variam as correlações de força e, conforme o contexto institucional, podem haver formas diferentes de encaminhamento de uma questão. Não há, portanto, receitas. Além do contexto específico da instituição, há que analisar a conjuntura global das políticas sociais. Em *momentos* de expansão do capitalismo, as questões sociais se encaminham de forma diversa que em momentos de recessão (Piven e Cloward, 1970; Faleiros, 1983). Num momento de ascenso das lutas políticas, as questões sociais se encaminham de forma diferente do que num momento de desmobilização e descenso das forças sociais e também se encaminham diferentemente de acordo com as relações existentes entre a base e os dirigentes da própria população. É necessário, também, ter em conta a ideologia dominante, pois a discussão dos problemas pela população se coloca institucionalmente nos termos propostos pela direção cultural da classe dominante.

A produção de efeitos de esclarecimento, mobilização e crítica pode advir da "capacitação" profissional para uma *análise política* mais ampla e para uma utilização flexível do *relacionamento* e dos *procedimentos* específicos da profissão, a fim de que a Metodologia seja este construir da reflexão sobre o processo realizado a partir do mapeamento das forças em presença, das suas perspectivas sobre uma determinada questão e das formas alternativas possíveis de ação. Esta capacitação é um processo político que depende de um amplo debate sobre as questões políticas centrais do capitalismo, de sua forma de desenvolvimento e das relações sociais nele existentes entre classes e forças sociais, para que uma vez no contexto institucional e no cotidiano da população se possa visualizar a vinculação teórica entre as questões gerais do capitalismo, as propostas institucionais e o processo de luta, organização e mobilização da população, com o instrumental técnico e profissional disponível naquele momento.

Capítulo 9
Duas tendências do Serviço Social norte-americano*

O objetivo deste trabalho é uma análise das grandes transformações do Serviço Social nos Estados Unidos e no Canadá, traduzidas em dois grandes momentos de sua sistematização.

O primeiro momento corresponde à estruturação dada por Mary Richmond num contexto de desenvolvimento capitalista baseado na expansão competitiva da produção resultante da mais-valia absoluta. A luta pelas oito horas de trabalho havia produzido poucos anos antes o massacre de Chicago (1869). Os operários vinham do trabalho rural, também transformado pela introdução de relações capitalistas.

O segundo momento de elaboração da teorização do Serviço Social norte-americano se dá no contexto da expansão do Estado e dos monopólios, desenvolvendo-se a "teoria dos sistemas", que busca justamente adequar as relações de trabalho às exigências da produtividade, com a proposta do modelo de "solução de proble-

---

* Trabalho mimeografado pela Universidade de Monterrey, maio de 1980.

mas" em lugar de um relacionamento muito mais custoso e improdutivo, com o proposto por Mary Richmond. Contudo, a ideologia da ação individual permanece nos dois momentos.

Para os latino-americanos, a importância de conhecer estas tendências vem de sua influência em nosso meio e das próprias modificações do capitalismo em nosso contexto.

1. O modelo e a ideologia da prática liberal filantrópica

Quando no final do século passado foi criada a Charity Society Organization, foram retomadas as teorias de Thomas Chalmers (1823, p. 55), segundo as quais é o indivíduo o responsável por sua situação e culpado por sua pobreza. Thomas Chalmers havia desenvolvido suas ideias a partir de suas experiências, em uma região rural, de aliviar a carga dos contribuintes das caixas de ajuda para os pobres, dentro de um espírito liberal muito puro. De seu ponto de vista, cada indivíduo afetado por uma situação problemática é responsável pela sua solução. Se não fosse possível resolver a situação por seus próprios meios, deveria recorrer à ajuda de sua família, de seus vizinhos e, *em última instância*, do Estado, de forma subsidiada.

Era preciso opor aos que trabalham os que não trabalham (os preguiçosos). Para obrigar os pobres a trabalhar, era preciso criar dificuldades aos preguiçosos, aos viciados, aos criminosos, enviando-os à "Work House", uma espécie de prisão, em que as condições de vida eram muito duras.

Segundo Josephine Shaw Lowel, as verificações e as visitas aos pobres não se faziam com fins de tratamento, mas principalmente para corrigir os maus hábitos e fortalecer as vontades fracas (Lowel 1917, p. 31).

Adam Smith, o pai do liberalismo econômico, concebia o êxito social como um assunto puramente individual, dependendo da inteligência e das habilidades do indivíduo. Dizia que as duas circunstâncias que trazem consigo a riqueza são: a habilidade, a destreza e a inteligência que se põe na aplicação de um trabalho, e a proporção que encontramos entre aqueles que estão ocupados em um trabalho útil e os que não estão (Smith, 1966, p. 2). Um pouco mais adiante afirmava que "se um operário é sóbrio e trabalhador, pode gozar de um certo bem-estar na vida".

Neste contexto, o objetivo do Serviço Social, como disse Mary Richmond (1917, p. 325), era melhorar as condições do indivíduo e das massas, mas, na realidade, a maioria dos assistentes sociais se dedica a um trabalho individual. O objetivo do Serviço Social era tornar os indivíduos socialmente úteis e aproveitáveis, adaptando-os às situações.

Segundo Richmond (1917, p. 51 e 357) houve, entre os "pioneiros", um movimento preventivo para estudar o indivíduo em seu meio, quanto à saúde e ao alojamento, mas a prática do Serviço Social se concebia como uma busca desses recursos dentro do esquema de diagnóstico e tratamento.

O diagnóstico social, segundo Richmond, pode ser descrito como o fato de buscar uma definição, a mais exata possível, da situação e da personalidade do ser humano que se encontre com uma necessidade social, quer dizer, na relação com os outros seres humanos dos quais ele depende de certa forma ou que dele dependam, e também em relação com as instituições sociais de sua comunidade (Richmond, 1917, p. 51 e 357), o que reflete uma ideologia das relações harmônicas.

A interpretação dessas relações se baseava em regras "gerais" de conduta como "as pessoas que têm dinheiro podem pagar suas dívidas" (Richmond, 1917, p. 82), segundo a visão burguesa da sociedade.

Segundo Wright Mills,

os problemas levantados por este empirismo liberal refletem o que não está de acordo com o modo de vida das classes médias das pequenas cidades, com a obediência ao princípio da ordem e da estabilidade vigentes ou entra em contradição com os lemas otimistas e progressistas da teoria do atraso cultural. O empirismo liberal finalmente se trai com a noção de "ajustamento" e seu contrário, o "desajustamento" (Mills, 1976, p. 96).

Assim, dentro da prática liberal filantrópica, considera-se problema o desajustamento à sociedade estabelecida. As inferências para interpretá-lo deveriam encontrar-se na história pessoal de cada indivíduo, em suas relações com outros membros de sua família, ou com as instituições da comunidade. Apesar dos discursos sobre a reabilitação e a prevenção, o método era puramente clínico, mas com a ambição de aplicar os "métodos da ciência" aos problemas sociais, de forma neutra.

Segundo Wright Mills, os defensores dessa prática buscavam transformar as *dificuldades* individuais das classes inferiores em questões para as coletividades burguesas (Mills, 1976, p. 90).

O Serviço Social de grupo se fundamenta também na ideia do desenvolvimento do indivíduo, como diz Gisela Konopka: "O assistente social de grupo faz com que muitos tipos de grupo funcionem de tal maneira que a interação dos grupos e as atividades do programa contribuam para o crescimento do indivíduo na obtenção dos fins sociais desejáveis" (Konopka, 1974, p. 26), acrescentando, contudo, que o objetivo do assistente social de grupo é o de ajustar o indivíduo ao grupo, e este à sociedade (Konopka, 1975, p. 29).

Do ponto de vista comunitário, encontramos quase a mesma concepção: a comunidade é o meio para o desenvolvimento do indivíduo de forma indireta, pelas boas relações que se estabelecem entre as pessoas dessa comunidade.

Este "modelo" de prática corresponde a uma concepção ideal do indivíduo e da sociedade, colocando-o como um centro dessa sociedade, por sua vez idealizada, quando se diz que ela permite a realização e o desenvolvimento de cada um dos indivíduos. "O Serviço Social tem como objetivo a realização da capacidade dos indivíduos em seu desenvolvimento pessoal e do poder social por meio da criação de tipos de sociedade, instituições sociais e de políticas sociais que contribuem para a autorrealização maior possível de todos os homens" (Smalley, 1967, p. 1).

Paradoxalmente essa concepção da sociedade se baseia na separação do indivíduo em relação à sociedade. Os indivíduos são colocados fora dela, sendo, em princípio, todos iguais, com a mesma oportunidade, com todas as possibilidades abertas. Epistemologicamente, também "todos os fatos são iguais", dirá Mills (1976, p. 90), negando-se toda estruturação com base em determinantes fundamentais.

Assim, trata-se de uma sociedade abstrata, de uma idealização da sociedade competitiva, capitalista e concorrente, sem levar em conta as classes sociais.

Nesse contexto, o assistente social seria a pessoa acolhedora, compreensiva e simpática, de boas relações, buscando as melhores relações "entre os homens, como se eles vivessem em um permanente mal-entendido, que seria necessário esclarecer e guiar com boas contribuições profissionais".

Isto se assemelha ao que faz um pai ou uma mãe de família, quando aconselha seus filhos nos momentos de crise, ou em ocasiões consideradas importantes, como o casamento ou a escolha de uma profissão.

Podemos situar esse modelo dentro da concepção estática da sociedade, que seria "essencialmente boa", na qual os "mais fracos" estão a buscar uma situação mais favorável. A sociedade, assim, parece dividida entre os fracos e os fortes, e por isso é necessário ajudar os fracos quando lhes falta a vontade para garantir que eles também "triunfem" como os outros, para que se tornem "úteis" e "dóceis".

Para realizar este objetivo é preciso tomar cada situação em particular porque cada caso é um caso especial e cada situação é diferente de qualquer outra. Em resumo, diz Smalley, o Serviço Social deve conceber todos os fenômenos (casos) como únicos no interior das classes e das categorias (Smalley, 1967, p. 130).

Aí está a perspectiva da particularidade da situação e das características pessoais. Essa perspectiva se desenvolveu inclusive no período "freudiano", em que o fortalecimento do "eu" era definido como a tarefa principal da ação profissional. E isto, do ponto de vista epistemológico, pode ser caracterizado como empirismo.

Diante do exposto, podemos reconhecer que se trata de um procedimento totalmente indutivo, baseado em dados imediatos. As inferências propostas por Mary Richmond não chegam a ultrapassar o nível da simples observação. A operação de diagnóstico é a comparação entre os dados observáveis — o que significa um esquema de compreensão de nível inferior em comparação aos modelos explicativos. Para Piaget existem três tipos de explicações: a) as concepções que fazem da totalidade uma realidade suficiente em si mesma e apta para explicar seus componentes; b) as concepções que explicam o todo em função das partes — ou como agregado de componentes individuais; c) as concepções relacionais — que consideram a totalidade como composição de relações em que os elementos individuais estão subordinados a essas relações de totalização (Piaget, 1967, p. 104).

Do modelo richmondiano de prática do Serviço Social, que estamos analisando, é fácil depreender uma concepção atomista que isola o indivíduo e a situação e que vê a sociedade como a soma desses indivíduos. O tipo de causalidades que podemos encontrar nessa análise é do tipo linear, que relaciona dois ou três dados e chega a apressadas conclusões afirmando que "tal inferência se dá porque a família está em situação difícil ou porque nenhum esforço está sendo feito para melhorar sua casa" (Richmond, 1917, p. 85). Este é o nível da constatação e não de uma explicação, e nem ao menos pode ser classificado em um dos três tipos propostos por Piaget.

Ficamos nos níveis dos fatos, das prenoções, da ideologia do assistente social, que somente se guia pelo conhecimento comum e pelo bom senso. Conformamo-nos com uma classificação preliminar que fica no nível da experiência primária, em que estão os valores de "bem" e de "mal". Segundo G. Bachelard, "o conhecimento experimental ligado ao conhecimento comum imediato é entrelaçado tanto pelas características muito gerais, quanto pelas distinções muito particulares" (1970, p. 112).

Encontramos na formulação desse tipo de problemática do Serviço Social afirmações muito gerais como "o indivíduo é a base da sociedade"; ou afirmações muito particulares como: "esta família gasta muito, é desorganizada".

A crítica teórica a este tipo de prática supõe a ruptura com essas generalizações e particularizações pela relação dialética entre o particular e o geral e vice-versa.

Na prática que vimos analisando, as explicações de tipo precausal são também frequentes (Piaget, 1967, p. 19), pois supõem o desvio de normas de vida de bons costumes ou de noções e prenoções tais como o progresso, a melhora, refletindo a ideologia de mobilidade individual da ascensão social por esforço próprio.

Além disso, as duas noções sobre as quais se baseia a atuação profissional são deduzidas da experiência comum: a noção da ajuda e a noção do ajustamento. Ambas são noções muito gerais ou muito particulares. Ajuda pode significar uma visita, uma palavra amiga, um conselho, dinheiro, recursos. O ajuste e a adaptação são também noções muito imprecisas, referindo-se a ajuste individual a uma sociedade considerada boa. Qual é o significado disso? Simplesmente a aceitação do *ethos* da economia de mercado (liberalismo), em que predomina a competição entre grupos e indivíduos, crendo-se na "lei do mais capaz". Essa visão esquece (esconde) que os homens fazem sua história em condições dadas e em relações complexas de classes e forças sociais.

2. O modelo da prática liberal tecnocrática

Wright Mills escreveu que nos últimos decênios o antigo empirismo liberal se desdobrou em muitos empirismos mais. O liberalismo deixou de ser um movimento reformista para agora administrar as instituições do Estado social. Por outro lado, continua o autor, a Sociologia deixou de lado suas iniciativas reformistas, seu gosto pelos problemas parcelados e pela causalidade dispersa e se colocou a serviço das empresas, do Exército e do Estado. Na medida em que a burocracia cresceu em importância na ordem econômica, política, social e militar, o sentido da palavra empírico foi mudando: assim, é empírico só o que se dá nos planos dessas grandes instituições (Mills, 1976, p. 98).

Durante a crise dos anos 1930, que exigiu uma reformulação da acumulação capitalista, o governo norte-americano se viu obrigado a, por pressões econômicas e sociais, instaurar medidas políticas de segurança do emprego e de pensão por velhice, inclusive contratando a opinião das organizações de assistentes sociais. Estes começavam a analisar ou a examinar a pobreza como um problema social e participavam da distribuição de ajuda direta aos desempregados e na administração dos trabalhos públicos.

A guerra, por sua vez, provocou uma transformação do aparelho produtivo dentro de um clima de "colaboração de classes". A urbanização, o consumo e a tecnologia se combinaram e se desenvolveram, afetando diretamente a forma de vida rural.

A família extensa perdeu seu peso. Foi nessa época e no período que se seguiu (pós-guerra) que começou a desenvolver-se o trabalho de grupos e o da organização comunitária frente a essas novas condições econômicas e sociais.

Kurt Lewin e seu discípulo Lippit sistematizaram o conceito de "mudança social" na prática social, tratando de definir muito bem o papel de "agente de mudança" e de elaborar, numa visão geral, a intervenção profissional junto aos indivíduos, aos grupos, às comunidades e às organizações (Lippit, Watson e Westley, 1958). Bene, Benis e Chin também trabalharam "a mudança social" procurando integrar as três formas tradicionais de ação (caso, grupo, comunidade) numa metodologia comum. Assim se estabeleceu de forma distinta aos anos 1920 a relação entre o método profissional e as exigências do processo de transformação das relações sociais sob o capitalismo.

As reflexões de Ernest Greenwood (1955, p. 31) contribuíram para explicitar essa nova relação e em 1958 Gordon Hearn publicou seu trabalho, *Theory building in social work* (1958), procurando aplicar ao Serviço Social os passos do método científico então reconhecido.

Na América do Norte, depois da guerra, os governos começam a estender o campo da Previdência Social já existente e abrir novos programas de prevenção enfrentando novas crises sociais com novas medidas assistenciais, como a guerra contra a pobreza e com restrições econômicas como o controle de salários.

O Estado e os monopólios intervêm cada vez mais na gestão da vida cotidiana, criando uma burocracia administrativa para realizar seus programas em todas as escalas e setores. O consumismo chegou a ser o objetivo imediato da economia, sendo o objetivo último, evidentemente, a acumulação do capital. Os monopólios também controlam a publicidade e criam novas necessidades. A técnica do *marketing* estimula os indivíduos a consumir as inovações postas no mercado. Dessa maneira, o conceito de mudança está intimamente ligado à implantação de inovações para melhorar os recordes e a eficiência do indivíduo no processo produtivo.

As "inovações" se referem tanto à tecnologia da produção como à organização (relações sociais) da produção.

Contudo, é necessário fazer como Godbout e Martin (1974, p. 9), a distinção entre os conceitos de inovação e de mudança. A inovação é a modificação dos meios para alcançar um objetivo determinado e a mudança é a modificação dos objetivos ou fins e dos valores.

Acrescente-se que a verdadeira mudança da sociedade não é somente uma mudança de funcionamento, mas antes uma mudança das estruturas básicas dessa sociedade, quer dizer, nas relações de produção dessa própria sociedade, pelas quais esta se produz a si mesma enquanto condições materiais de sua manutenção e desenvolvimento e enquanto condições superestruturais de consciência, organização e reflexão dessas mesmas condições. Estrutura social e econômica não podem ser entendidas como um mundo separado das forças que as modificam. As forças as modificam nas condições existentes.

A estrutura, assim, é uma totalidade contraditória em que as forças que a compõem se acham em relações (Piaget, 1967, p. 163) que se estabelecem segundo o processo dinâmico de conflitos e equilíbrios instáveis.

Na perspectiva burocrática-liberal da sistematização da ação do assistente social, a "mudança" é vista como uma inovação que está ligada à melhoria do funcionamento das estruturas internas

SABER PROFISSIONAL E PODER INSTITUCIONAL

por uma modificação do comportamento ou das atividades dos clientes. Desta maneira, muitos autores estabelecem a diferença entre o sistema cliente, o sistema agente e o sistema meio ambiente, e falam da solução dos problemas e da prestação de serviços (Lippit et al., 1958, cap. 2 e 3) como uma modificação do cliente (comportamento), do meio (recursos) e do agente (relacionamento).[1] Vista dessa perspectiva, a ação do assistente social consiste em "desenvolver um grau ótimo" de individualidade, em evitar ou aliviar os efeitos das situações de crise e buscar, no meio ambiente, desenvolver o *self-insight* para uma tomada de consciência da situação (Hearn, 1958). Mediante esta ação, busca-se um equilíbrio ou um reequilíbrio do indivíduo no meio existente.

Entretanto, a concepção da teoria dos sistemas (cliente/meio) propõe um esquema operativo vazio e formal que está a serviço da ideologia dominante, que considera normal a aceitação e não a negação da ordem.

O problema do funcionamento do sistema se coloca a partir da visão da mudança como resultante das relações pessoais e interindividuais. Para o processo de mudança, tem-se primeiramente a motivação para a ação (Parsons e Shilis, 1962, p. 5), que pode ser emotiva ou cognitiva. Mas esse processo é de mudança entre as variáveis e se identifica como componente de um sistema em um determinado momento.

Todo o sistema da ação se estabelece a partir do ato (a personalidade), da cultura e do sistema imediato de relações. A cultura está composta pelo sistema de ideias, pelo sistema de relações e pelo sistema de orientação de valores. O ponto de partida para a ação é a necessidade do organismo em contato com o meio. Esta necessidade do organismo em contato com o meio aparece como

---

1. Ver também Pincus e Minahan, 1973; Compton e Galaway, 1975.

um ponto de partida que é necessário isolar para satisfazer, através da relação com os recursos do meio ambiente (intervenção).

A ação do assistente social está orientada assim pela "satisfação das necessidades" do grupo, segundo Berrien (1968, p. 117-8), que será o *output* de um sistema social, que busca ao mesmo tempo alcançar seus objetivos (*formal achievement*) e obter satisfações (aceitação).

A satisfação das "necessidades" do grupo representa a satisfação obtida pelos integrantes de um sistema social por sua "participação" dentro desse sistema, pela realização de suas aspirações (veja o *marketing*) no próprio sistema. Então, na ação concreta do assistente social, tratando de satisfazer as "necessidades" mais imediatas de uma situação, está por sua vez, vinculada à "boa" atuação global do sistema, quer dizer, à reprodução das relações de força.

Uma ação orientada diretamente pelas "necessidades imediatas" não consegue sobrepujar o problema de sua inserção dentro do sistema global que promove essa ação. As ações tendentes a introduzir "inovações" que a curto prazo podem melhorar a compreensão de uma situação podem ter um efeito de melhorar a atuação do sistema global, no sentido dos objetivos propostos por este, por exemplo, a paz social e o aumento do consumo. Esta "necessidade" está concebida independentemente da estrutura como uma função do organismo, considerando-se a intervenção social como se fosse um problema de redistribuição de energia, poder e informação, tratando-se de melhorar as atividades, de "mudar" o comportamento e de atuar sobre as partes desequilibradas.

Esta perspectiva liberal, tecnocrática parte do pressuposto de que a mudança de uma parte pode mudar o todo, com uma concepção atomista da sociedade, bastando que se produza uma transformação entre o indivíduo e o meio (Gordon, 1968, p. 7).

SABER PROFISSIONAL E PODER INSTITUCIONAL

(Veja-se a análise transacional.) Porém, cabe perguntar-se qual a melhor transação. Gordon responde que as melhores transações são aquelas que impulsionam o crescimento e o desenvolvimento "natural" do organismo e que também tragam melhoras concomitantes no meio ambiente (1968, p. 9).

Que é desenvolvimento natural? "É tudo que existe." Gordon diz que desenvolvendo as potencialidades do indivíduo se desenvolve também a sociedade. Encontramo-nos de novo na teoria atomista que vê exclusivamente o indivíduo, esquecendo que, em uma estrutura, os elementos existem em um sistema de relações de força.

Crê-se também que a sociedade oferece as mesmas possibilidades a todos os indivíduos, buscando-se levantar o bloqueio constituído pelas dificuldades que o meio ambiente oferece na ação profissional.

Esta é uma visão sumamente conservadora. Howard Polsky diz que

a função do sistema de trabalho na sociedade é a de produzir com eficiência e eficácia os objetivos e os serviços para o lucro e que a função da família é a de ser o centro das relações emocionais, de compreensão e de apoio mútuo entre seus membros, uma espécie de 'depósito de emoções' no qual os membros de forma individual podem restaurar suas energias para enfrentar com êxito a batalha no exterior (1968, p. 12).

Para ele, a função do Serviço Social é a de ajudar o indivíduo como mediador, conciliador entre as demandas conflitantes do sistema de trabalho e do sistema familiar (Polsky, 1968, p. 14). O trabalho social seria uma espécie de relações humanas para reforçar e reproduzir o lucro no trabalho, assegurando ao mesmo tempo uma compensação emocional na família, nas relações sociais.

Concentrando-se no bom funcionamento de cada um para aumentar assim sua eficácia, a concepção baseada na teoria dos sistemas é uma espécie de terapia dos abusos do sistema. Ela se concentra no papel de cada um e não nas estruturas e relações, esquece também que os sistemas não são estáticos, diferenciam-se mudando segundo seu tamanho, sua complexidade, sua hierarquia e também pela emergência de novas forças sociais e de movimentos de negação.

As relações de produção e as relações familiares são complexas e se articulam de forma muito explícita. A família operária se organiza em torno da produção de sua subsistência, que é determinada pelo capital.

Por sua vez a relação entre a família e o capital é também mediatizada pelas lutas dos trabalhadores por melhores salários, condições de trabalho e mudanças políticas mais profundas.

As necessidades estão, pois, em relação com o desenvolvimento histórico da produção e das lutas de classe, estabelecendo-se relações entre a classe trabalhadora e os aparatos estatais e empresariais de acordo com o processo de luta e de organização das classes.

A mediação profissional, assim, é um processo complexo que se localiza no conjunto das relações sociais. Em um momento de forte organização e pressão das classes dominadas, os profissionais podem mudar a forma de atuar nos momentos de refluxo, combinando de forma diferente a atribuição de recursos, de participação e de discurso. Os sistemas organizados pela sociedade para determinados fins se estruturam em uma dinâmica complexa de relações e podem ser entendidos ou apresentados como um conjunto e um sistema histórico de combinação de alianças e confrontações do qual o profissional participa.

As contradições da estrutura se articulam às contradicões vividas pelo indivíduo, pois é nas relações sociais que se formam os indivíduos. As relações sociais são mediatizadoras de múltiplas determinações econômicas, políticas e ideológicas.

Na visão liberal-tecnocrática, a relação entre o assistente social e o "cliente" aparece como um simples contrato concebido no mais puro estilo liberal, onde cada um conserva "a liberdade" de atuar em igualdade de condições, desconhecendo a condição de força do detentor de poder burocrático que vê o cliente como consumidor ou usuário do serviço e, sob este ponto de vista, o cliente é alvo (*target*) que é necessário mudar em sua maneira de comportar-se, considerando os objetivos da agência (Kauffman, 19, p. 9). O autor propõe a utilização do poder, da persuasão e da reeducação para influenciar as pessoas. Assim, a teoria do contrato não é mais do que outra forma de ocultar a relação entre o sistema global e um consumidor, um usuário, a quem é necessário convencer ou influenciar. Será que o assistente social poderá influenciar ou persuadir o sistema em sua complexidade, em sua contradição e em sua hierarquia? Como disse Lefèbvre (1972, p. 3): "As relações conflitivas não entram na prática social da sociedade burguesa, senão por meio de formas que as contêm e as ocultam — a forma contratual."

Do ponto de vista operacional, a visão produtivista tecnocrática percebe a ação profissional como um método para a solução de problemas em um procedimento linear: identificar o problema, analisar a situação, propor objetivos e estratégias para finalizar com a estabilização, pelo processo dito de mudança.

Esta maneira de propor o sistema de operações ignora o próprio *feedback* e a regulação e autorregulação complexas que se produzem também em muitos níveis. A regulação depende da correlação de forças. Pela ruptura com o saber imediato (Bourdieu, Passeron e Chamboredon, s.d., p. 35) e com o conhecimento comum, é necessário considerar a autorregulação dialeticamente nas relações contraditórias.

Piaget (1967, p. 404) fala de regulações mais gerais nas quais o homem é capaz para superar as regulações imediatas de esquemas do comportamento reflexo. Para a solução dos problemas imediatos, traz consigo questões que é necessário examinar na complexidade da totalidade contraditória, combinando-se na prática a articulação de múltiplas determinações: Piaget diz que

> a evolução dos seres organizados aparece como uma série ininterrupta de assimilação do meio a formas cada vez mais complexas, mas a própria diversidade dessas formas mostra que nenhuma tem sido suficiente, para pôr essa assimilação em equilíbrio com uma acomodação definitiva (1967, p. 460).

Spitzer (1975, p. 236) fala de uma relação em espiral no processo de solução de problemas, mas isto significa que uma etapa pode iniciar-se antes de terminar a anterior. Isto não significa uma relação entre o geral e o particular, o pseudoproblema enunciado e os interesses das forças sociais em luta. Ele diz que o processo não é um conjunto de técnicas, mas sim um processo de colaboração entre o cliente e o assistente (Spitzer e Welsh, 1975, p. 236). Esta colaboração é muito importante, mas a solução dos problemas isolados deve ser examinada dentro do contexto global de relação de aliança e de poder entre o assistente social e o cliente.

O mais importante é a eficácia imediata no modelo tecnocrático e a diminuição dos custos na perspectiva dos burocratas administradores.

Esta maneira de atuar pode ajudar a codificar as ações que controlam melhor os clientes e diminuem os custos. É necessário, para a crítica a essa postura, uma teoria da sociedade capaz de identificar as causas dos problemas além dos indivíduos. É somente por este meio que se pode encontrar verdadeiramente a teoria das estruturas, ensaiando-se ao mesmo tempo sobrepujar o imediatamente dado, romper com as aparências, para que as coletividades definam e redefinam continuamente seus objetivos de crescimento nas conjunturas (Piaget, 1970, p. 47).

A ação social não é um assunto de um especialista "competente" perante um cliente de tal agência para atribuição de um *recurso* ou modificação de um *comportamento*, mas sim uma relação de forças, na qual o saber e o poder se articulam, e os problemas e sua solução dependem da relação de forças historicamente dada e não de uma lógica abstrata e mecanicista. As "soluções" imediatas podem transformar-se por sua vez em mediações para uma acumulação de forças. Esta reflexão é desenvolvida em outros capítulos deste trabalho e é por aí que passa a reconceituação do Serviço Social no cotidiano.

Se a visão liberal paternalista punha ênfase no "eu" ou no processo de ajuda, a visão tecnocrática propugna um novo modo de ação mais produtivo e menos custoso de solução dos problemas de produtividade ou insatisfação, mudando também as relações do profissional para que se inscreva na lógica da produtividade. Daí a importância de sua organização e mobilização para que se modifiquem também essas relações.

Parte IV

Experiências

Capítulo 10
Trabalho social com hansenianos*

Eda Gomes de Barros Lima**
Vicente de Paula Faleiro***

O objetivo deste artigo é apresentar, de forma ainda preliminar para a discussão profissional, uma experiência recente de Serviço Social e saúde com um grupo de hansenianos em Brasília.

Num primeiro momento apresentamos o enfoque que nos leve a situar esta análise, para em seguida mostrar o "itinerário institucional" do hanseniano e refletir sobre o relacionamento profissional/cliente nas condições existentes.

---

* Agradeço à Eda Gomes de Barros Lima a autorização para incluir este artigo nesta coletânea. Publicado originalmente em *Serviço Social & Sociedade*, ano VI, n. 17, abr. 1985.

** Assistente social da Fundação Hospitalar do Distrito Federal. Realiza trabalho com hansenianos. Foi presidente da APAS/DF em 1984-1985.

*** Professor da Universidade de Brasília.

Esta análise parte do pressuposto de que

a instituição é espaço político de atuação onde os problemas que afetam o *conjunto* das classes dominadas são parcializados, abstraídos, analisados, separados, classificados por categorias que fragmentam estas classes em setores de velhos, menores, acidentados (Faleiros, 1979, p. 143).

Uma destas categorias é o hanseniano pobre.

O espaço político de controle e manutenção da força de trabalho é também um "lugar de competição e luta" (Faleiros, 1979, p. 145) vinculado ao desenvolvimento da hegemonia da classe dominante. Esse campo de luta é que constitui o espaço institucional, "fazendo das instituições processos dinâmicos e não respostas mecânicas aos tipos de ameaça e ao processo de acumulação de capital" (1979, p. 146).

Nessas condições é que se torna possível lutar pelo rompimento com a ideologia tecnocrática e com a estratégia da modernização, buscando-se "formas variadas de aliança profissional/clientela, segundo a correlação de forças historicamente determinadas" (Faleiros, 1979, p. 150).

O relacionamento profissional/cliente implica, pois, relações de poder e saber que são concretamente articuladas. O poder/saber não se absolutiza nas mãos dos profissionais ou nas mãos da população. O saber/poder se exerce de formas diferentes (Foucault, 1977, p. 26), levando-se em conta as condições de hegemonia das classes dominantes.

O relacionamento profissional/cliente implica pois relações mais complexas das forças sociais. E é como uma relação de força que colocamos esta experiência. Nessa relação a assistente social adota uma "estratégia de aliança" (Faleiros, 1979, p. 152) com os hansenianos no sentido de fortalecer o poder e o saber deles nessas condições objetivas.

O poder e o saber não são categorias isoladas e se articulam no cotidiano das instituições. O poder não se limita ao controle e o saber, à informação. O poder compreende a capacidade de articular organização, recursos, estratégias e táticas para defender ou conquistar interesses e posições. Ele envolve, pois, o saber enquanto conhecimento teórico e prático de seus interesses, dos adversários e da totalidade social contraditória e complexa.

Estas categorias se expressam também de forma contraditória no espaço político das instituições, no seu cotidiano. Nosso enfoque volta-se para o cotidiano do poder/saber na instituição. Nesse cotidiano destacamos os indicadores que estruturam estas relações de saber/poder do relacionamento profissional/cliente. Assim, em primeiro lugar está o "terreno" onde o cliente é recebido. Ele vem ao espaço já estruturado da instituição. Em seguida destacamos o *tempo* como forma de determinação do poder, passando em seguida a analisar as *formas de organização/isolamento* dos hansenianos. Com respeito ao relacionamento, destacamos a *postura* e a *fala* dos atores em presença, o *uso do dinheiro* e o *trabalho com o corpo*, para tratarmos do saber enquanto *conhecimento sobre doença, recursos, formulários* e *instituições*, vinculado ao processo de poder.

Não colocamos aqui a questão dos hansenianos nas relações mais gerais, pois é no próprio trabalho com eles que pretendemos articular nossas reflexões nesse sentido. Este trabalho aqui colocado apenas se inicia.

O itinerário institucional

Uma das dificuldades em trabalhar com hansenianos é o estigma da lepra na sociedade, também vivido por eles. Esta é uma questão que está sendo aprofundada no relacionamento profissional/

cliente. A ameaça do contágio, outrora, fez com que se isolassem os doentes em colônias, reforçando-se o estigma, também visto como castigo divino.

Hoje, no Brasil, o controle da doença de hanseníase ainda está marcado por uma legislação retrógrada, mas novas tentativas surgem para modificar esta relação de força, inclusive com a contribuição do saber científico sobre a questão.

O Centro de Saúde n. 1, de Brasília, concentrou suas atividades no atendimento da hanseníase e da tuberculose desde seus primórdios, em 1962. Recebe população das várias regiões do Brasil, oferecendo cuidados médicos e de enfermagem, medicamentos e educação social. Atende (em 1984) aproximadamente trezentos hansenianos. O grupo com que se trabalha, aqui referido, conta com 22 membros e com um comparecimento médio de dez pessoas.

Há pouco mais de um ano, a Secretaria de Saúde repassou ao Centro 120 cotas alimentares do Programa de Nutrição e Saúde a serem distribuídas aos pacientes das referidas clínicas. O Serviço Social administra esta distribuição.

A enfermagem, que envia o paciente ao Serviço Social, faz uma pré-seleção, cujos critérios nunca foram discutidos conjuntamente. De forma geral a orientação é que se ofereça ajuda a todos os pacientes e que se encaminhem aqueles que se mostrem interessados. O paciente que foi "inscrito" recebe um cartão onde se agenda o seu retorno ao Centro de Saúde para receber a cota a ele destinada.

Ao ser atendido pela assistente social, o hanseniano é "inscrito no programa".[1] Registram-se em livro as informações necessárias sobre a pessoa em questão: nome, data da inscrição, número

---

1. O programa de dermatologia sanitária do Centro é composto de enfermeira, médico dermatologista e auxiliar de enfermagem. Em 1984 encaminhou ao Serviço Social 20% de sua clientela.

SABER PROFISSIONAL E PODER INSTITUCIONAL

do prontuário médico, clínica, endereço, gêneros distribuídos e suas quantidades, e assinatura do beneficiário. A partir deste momento ele passa a receber mensalmente a sua "dieta", que consiste em quantidades variáveis de arroz, açúcar, feijão, farinha de trigo e fubá.

A partir desta fase inicial, ele começa a receber "orientação social": ao voltar ao serviço é entrevistado pela assistente social que preenche com ele um formulário de "anamnese social". Nessa folha estão especificados os dados "importantes para o estudo": idade, nome do médico que o atende, procedência, tempo em Brasília, endereço, estado civil, naturalidade, instrução, religião, profissão/ocupação, situação previdenciária, pessoa responsável ou a ser mobilizada em casos de emergência, situação de saúde e socioeconômica. Esse "interrogatório" é feito de forma a não agredir demasiadamente a pessoa que vem candidatar-se à ajuda oferecida. Passa-se então ao diálogo a respeito dos pontos críticos da situação apresentada.

A maioria queixa-se dos incômodos provocados pela doença e agravados pelo desconforto proveniente da situação financeira deficitária. Alguns encontram-se traumatizados pelos estigmas sociais das patologias. Muitos não têm emprego fixo ou trabalham na agricultura sem nenhum seguro social. As histórias são ricas em detalhes, mas repetitivas quanto à gênese socioeconômica dos problemas enfocados.

Dentro do quadro apresentado, as opções para a assistente social se restringem a uma palavra de apoio, à orientação pura e simples, a um encaminhamento para outra instituição ou ao encaminhamento do doente para um grupo, onde serão discutidos assuntos de interesse comum.

Durante um ano de trabalho nesse esquema apenas três pacientes recusaram-se a responder ao formulário e um deles declarou preferir não receber os alimentos e não retornou ao serviço. A maioria, porém, mantém um bom relacionamento com a assistente social. Foram realizadas até agora cinco reuniões: quatro com hansenianos do Paranoá[2] e uma com hansenianos de cidades-satélites.

Dentre as instituições da comunidade, recebemos da Federação das Bandeirantes uma quantia em dinheiro, que vem ajudar os pacientes de hanseníase ligados à invasão do Paranoá. Esta quantia (Cr$ 50.000,00 mensais) é utilizada para compra de passagens de ônibus e a sobra é gasta na aquisição de bens escolhidos pelo próprio grupo.

Entre os desconfortos provocados pelo mal de Hansen, encontra-se o adormecimento de certas partes do corpo, principalmente nas extremidades. Essa sensação leva a pessoa doente a se ferir com facilidade, precisando de proteção contra as agressões do meio. As Bandeirantes encarregam-se de fornecer essas proteções (luvas, meias, sapatos etc.) aos doentes. Durante as reuniões elas servem um lanche, propiciando maior integração grupal.

O conteúdo das discussões do grupo, de forma geral, gira em torno de como cuidar da saúde e de como prevenir complicações dela decorrentes; mas outros assuntos são trazidos à baila a pedido do próprio grupo. Até o momento foram discutidos, além das dúvidas sobre a forma como se apresenta a doença e o seu tratamento, o atendimento no Centro de Saúde do Lago Norte e a situação da "invasão" do Paranoá (onde residem muitos hansenianos), quanto a sua destinação (o governo quer desocupá-lo) e aos problemas de coluna e como preveni-los (pois os doentes devem carregar água todos os dias).

---

2. O Paranoá é a maior área favelada do Distrito Federal, com trinta mil habitantes. Trata-se de uma área prioritária do Serviço Social, da FHDF, que não pode abranger todo o Distrito Federal para trabalhos com grupos.

Relações de poder e o relacionamento assistente social/cliente

O espaço institucional

No atendimento individual o doente é recebido em uma sala tipo consultório onde estão duas mesas e quatro cadeiras, além do arquivo. Para romper com a frieza do ambiente e identificar-se com o cotidiano do doente, a assistente social colocou nas paredes algumas gravuras representando cenas mais ou menos familiares à clientela: um grupo de trabalhadores agrícolas, um grupo de negros em atitude de prece, uma criança lavando roupa e outra criança em atitude agressiva, tendo uma favela ao fundo. O cliente senta-se em uma das cadeiras, podendo ser entrevistado pela assistente social ou pela auxiliar.

A assistente social está em seu território e tem à sua disposição (seu poder) objetos que se encontram dentro da sala. As figuras colocadas na parede representam uma tentativa de romper com os cartazes bonitos (com motivos burgueses) e as ordens afixadas nas paredes. De qualquer forma, supõe-se que o doente que compareça pela primeira vez ao serviço deva sentir-se apoiado, mesmo que em terreno desconhecido.

As reuniões realizam-se no auditório do Centro. As cadeiras não são fixas e arrumadas em função do grupo, pelos membros, com a ajuda da assistente social, geralmente em forma de círculo.

No momento da reunião nota-se que existe maior descontração por parte dos doentes. Alguns trazem consigo filhos pequenos que às vezes "atrapalham" um pouco o andamento dos trabalhos. São repreendidos pelos próprios pais e não pela assistente social. Os clientes podem circular pelo Centro sem restrições e constrangimentos. Este ambiente foi propiciado a partir dos técnicos (enfermeiros e médicos), que transmitiram aos demais membros da equipe a certeza de que a doença é curável e pouco transmissível, principalmente quando o doente está devidamente medicado.

É importante notar que os hansenianos preferem ser atendidos no Centro a sê-lo no próprio local de moradia para não serem estigmatizados ainda mais pelos vizinhos ao receber a visita de técnicos.

O tempo — os horários

A assistente social está condicionada pelo seu horário de trabalho, enquanto funcionária e assalariada do Centro. Não há movimento para mudanças nesse sentido.

A volta do doente ao Centro é marcada pela clínica dermatológica e pelo Serviço Social, geralmente no mesmo dia, levando-se em consideração a data escolhida pela assistente social para a realização da reunião. Os que chegam pela primeira vez são atendidos no momento em que compareçam ao Centro. Não é obrigatório atendimento no dia marcado. Por qualquer intercorrência podem liberar as cotas de alimentos e o fornecimento de passes. Recomenda-se ao doente seu retorno no dia marcado. Os atrasos são criticados pela equipe, porque dificultam a rotina do Centro e prejudicam os profissionais envolvidos, obrigando-os a trabalhar além do horário. Recomenda-se também a ida ao Centro na parte da manhã, porque durante este período estão presentes todos os técnicos envolvidos no programa. O poder de fixar horários não depende do assistente social, podendo-se compor com as possibilidades do cliente, pois o doente é visto como *cidadão* que tem direito ao Serviço Social.

A organização

As relações de poder implicam, não só delimitação do território e do tempo, mas também estabelecimento de normas e oposição a elas por movimentos organizados. Em geral o doente é tratado de forma fragmentada nas instituições, para isolá-lo de seus movimentos políticos.

A assistente social recebe normas de atendimento, principalmente no que se refere à distribuição de gêneros alimentícios. A quantidade de gêneros é estabelecida pelo Instituto Nacional de Alimentação e Nutrição e pelo Departamento de Saúde Pública do Distrito Federal, que limitam também o número de pessoas a serem matriculadas no programa. Os critérios de distribuição de passes são fixados pelas Bandeirantes do Brasil. O uso do auditório onde se realizam reuniões é controlado pela administração, dependendo da ordem de inscrição dos grupos interessados.

A rotina do serviço muitas vezes obriga o doente a esperar pelo atendimento nos bancos dos corredores, podendo-se conversar durante a espera. Não há ordens de silêncio. Não existe entrega de fichas por ordem de chegada. Quando existe dúvida a respeito de quem chegou em primeiro lugar, os próprios clientes resolvem entre si quem deverá ser atendido.

Os hansenianos, em nível nacional, estão organizados em um movimento de reintegração (Morhan, que se encontra ainda pouco atuante em Brasília). O baixo nível socioeconômico da clientela atendida pelo Serviço Social dificulta a integração dos doentes do movimento. Essa articulação é uma das formas de fortalecer seu poder junto à instituição, e a assistente social procura estabelecer uma estratégia para aproximar os dois grupos.

Alguns hansenianos vêm ao Centro acompanhados de familiares e outros trazem os amigos, que participam das reuniões.

A postura da assistente social

A assistente social atende o doente com uma postura de "bom acolhimento", sem as marcas do paternalismo tradicional. É fundamental a não rejeição do hanseniano, o que é consensual entre os membros da equipe. O *exame* da situação de cada um é minucioso, atento e sério, para controle do Centro e autocontrole do cliente. No atendimento grupal existe desconcentração, com clima para risos e conversas informais, principalmente durante o lanche. Os doentes demonstram gostar de frequentar o Centro ou o grupo e alguns verbalizam esse sentimento, não aceitando a possibilidade de transferência para outras unidades de atendimento. Aparentemente a postura do doente é daquele que "pede e recebe", aceitando o "jogo" de poder da instituição e assim legitimando-a na sua forma assistencial.

O uso da fala

A liberação da palavra do doente é um meio para desbloquear o preconceito e os estigmas. No entanto, há uma preocupação por parte da assistente social em não forçar o hanseniano a encarar abruptamente a sua doença. Espera que essa liberação venha a emergir, no decorrer do tempo, na medida em que exista confiança e clima propício. Durante a entrevista o assunto de maior importância é aquele que está dificultando de imediato a vida do cliente, e muitas vezes o problema em questão encontra-se nas áreas previdenciárias, trabalhista ou familiar. As orientações diretamente ligadas à doença só são dadas quando o doente as solicita, durante discussões em grupo, e são transmitidas pelo pessoal de enfermagem. Tenta-se tratar as questões de forma objetiva, evitando-se lamentações. Às vezes a assistente social interrompe um discurso

SABER PROFISSIONAL E PODER INSTITUCIONAL

sobre o assunto que, a seu ver, já foi esclarecido, com uma pergunta sobre outra questão. Em alguns casos o cliente é incentivado a falar e alguns choram ao relatar suas dificuldades. Nesses casos a assistente social considera que a verbalização e as lágrimas trarão compreensão e alívio de tensões para o cliente. Não há possibilidade de um atendimento clínico psicossocial de longo prazo por falta de condições do pessoal. As reações agressivas, quando acontecem, são encaradas com firmeza. É difícil a comunicação entre setores populares e o profissional de outra classe (Moffatt, 1984, p. 78).

Durante as reuniões os clientes verbalizam menos suas dificuldades individuais e não falam do seu problema de saúde com clareza. Os assuntos discutidos geralmente não estão ligados à doença. Chamam a assistente social de "diretora", e não questionam as concepções emitidas. Este processo está apenas se iniciando, podendo chegar mais adiante à discussão dos estigmas e da identidade do doente. Nesse momento provavelmente os clientes terão condições de vivenciar sua experiência grupal de forma menos passiva.

O corpo doente

A liberação da palavra está vinculada à liberação do corpo, utilizado pelo capitalismo como objeto de exploração e de consumo. Em nível institucional é importante, para opor-se a isto, a abertura de possibilidades de manifestação da aceitação do doente.

Por parte da equipe de profissionais não há rejeição do contato corporal com os hansenianos. A enfermagem examina-os sem instrumentos especiais que anulem o contato físico. Durante as reuniões de grupo são criadas propositalmente situações em que o doente, o assistente social, as enfermeiras e as representantes da Federação das Bandeirantes servem-se do mesmo lanche, distribuído sem cuidados higiênicos especiais.

Às vezes os membros da equipe profissional recebem dos doentes pequenos presentes de frutas ou doces caseiros.

O uso do dinheiro

O dinheiro do grupo é doado por um militar aposentado à Federação das Bandeirantes, que o repassa à assistente social Centro. É uma quantia ínfima e sua utilização é discutida com o grupo de acordo com suas prioridades. Até agora houve unanimidade nas decisões.

O saber e as informações sobre a doença

A assistente social detém algumas informações sobre a doença, adquiridas através de leituras, treinamentos e discussões com outros profissionais. O doente conhece seus sofrimentos e os efeitos do estigma. Sabe o que representa ser doente. Há insegurança em ambas as partes e troca de informações, sempre presente nos relacionamentos interpessoais.

Na medida em que o doente controlar o saber sobre o seu corpo e sobre a doença, poderá ter mais segurança e autonomia. O objetivo do assistente social é reforçar este saber, nas condições colocadas pelo grupo de doentes, inclusive com a realização de uma pesquisa, cujo projeto está em estudo.

Informações sobre os recursos

A assistente detém quase todas as informações sobre a origem dos recursos materiais e procura transmiti-las aos clientes

SABER PROFISSIONAL E PODER INSTITUCIONAL

para contribuir ao conhecimento e controle dos mesmos por parte da clientela.

A insegurança da clientela provém da inconstância com que os recursos (alimentos e medicamentos) são enviados ao Centro, e a assistente social não controla o mecanismo de liberação das cotas e doações, que dependem de instituições alheias ao próprio Centro.

A assistente social conhece as instituições, mas não está ciente dos mecanismos de poder que regem cada uma delas, não podendo esclarecer sobre certas mudanças ocorridas. Os clientes não conhecem as relações interinstitucionais, mas sabem os efeitos das mudanças e cortes nos recursos a eles destinados.

A teoria

O domínio da teoria das relações sociais confere ao assistente social a possibilidade de visualizar e criticar sua atuação e situar-se na conjuntura político-econômica de forma crítica. Este conhecimento lhe dá possibilidade de enfrentar as situações-problema com uma perspectiva mais ampla.

O doente, preocupado com a solução de problemas imediatos e sem condições de dominar uma análise mais elaborada, adota estratégias e táticas de sobrevivência frente às normas estabelecidas ao relacionamento com um polo "mais forte", ou seja, com a assistente social. Às vezes o doente se manifesta de forma contundente em reação às constantes humilhações que tem sofrido na sociedade, cabendo à assistente social utilizar seus conhecimentos para fornecer elementos que esclareçam a complexidade das situações. Nesse sentido a teoria mais geral deve sempre estar articulada às situações concretas. A mudança das relações de poder/ saber vão exigir mudar o relacionamento profissional/cliente, ampliando a participação efetiva do cliente nas decisões institucionais que lhe dizem respeito.

Conclusão

A teoria do poder/saber institucional pode esclarecer a prática profissional e contribui para que o profissional possa situar-se melhor no seu cotidiano. A volta para uma reflexão desse tipo nos parece fundamental, pois tenta colocar uma problematização teórica no coração do exercício cotidiano da profissão. Entender o relacionamento implica compreender e explicar as relações mais globais. No entanto, é extremamente difícil trazer as reflexões teóricas para um cotidiano marcado pelo ativismo e pelas rotinas. Foi no sentido de romper com este ativismo que tentamos esboçar este trabalho.

Não tivemos aqui a pretensão de elaborar um modelo de prática (pretensão formalista), nem de apenas descrever ou relatar a prática (empirismo). Nosso objetivo foi repensar a prática cotidiana à luz de certas categorias de análise que permitam uma contribuição efetiva à mudança de correlação de forças que favoreça a clientela. A aliança entre médicos, assistentes sociais e enfermeiros entre si e aceitação da clientela na luta contra o estigma é uma força positiva que foi articulada. No entanto, as condições sociais dos doentes não possibilitam uma forma de cuidados mais profundos. A mudança dessas condições, a nosso ver, não está isolada da articulação dos doentes com seus movimentos específicos na luta por uma melhor legislação e melhores atendimentos e com os movimentos mais globais de transformação da sociedade. Nesse processo as formas de dominação por que passam os hansenianos precisam ser pensadas teoricamente para uma nova articulação política e ideológica de seu cotidiano.

Bibliografia

ALAYON, Norberto. *Hacía la historia del trabajo social en Argentina*. Lima: Celats, 1980.

ALBUQUERQUE, José Augusto. Guilhon et al. *O funcionamento político das instituições*: análise do funcionamento institucional de uma agência de saúde na periferia de São Paulo. Relatórios I e II, São Paulo, 1979. (Mimeo.)

ANDER-EGG, Ezequiel. *Trabajo social como acción liberadora*. Buenos Aires: Ecro, 1975

ANDERSON, Perry. *Sur Gramsci*. Paris: Maspero, 1978.

BACHELARD, Gaston. *Le racionalisme appliqué*. Paris: PUF, 1970.

BADIOU, Alair. *Théorie de la contradiction*. Paris: Maspero, 1975.

BAILEY, Roy; BRAKE, Mike. *Radical social work*. Nova York: Pantheon Books, 1976.

BARTHY, Aldair Brasil. Participação social. *Debates Sociais*, ano X, n. 19, out. 1974.

BELL, Daniel. *O fim da ideologia*. Brasília: UnB, 1982.

BERRIEN, F. K. *General and social systems*. Nova Jersey: Rutgers University Press, 1968.

BOBBIO, Norberto. Gramsci y la concepción de la sociedade civil. In: PIZZORNO, Alessandro et al. *Gramsci y las ciencias sociales*. México: P&P, n. 19, 1980.

BOURDIEU, P.; PASSERON, J. C.; CHAMBOREDON, J. C. *Le métier de sociologue*. Paris: Mouton/Bordas, s.d.

BROBOFF, Jacotte; LUCCIONI, Micheline, La tutelle aux prestations socials. *Esprit*, n. 5, maio 1972.

BRUNHOFF, Suzanne. *État et capital*. Paris: Maspero, 1978.

BULLAIN, Maritza Jiménez et al. *Trabajo social con campesinos*. Buenos Aires: Celats/Ecro, 1976.

CARVALHO, Alba Maria Pinho de. *Uma análise da proposta de trabalho social*: reconceituação do Serviço Social na América Latina. Tese (Mestrado) — Pontifícia Universidade Católica, Rio de Janeiro, 1982. (Mimeo.)

CARVALHO, Ruy; OTÁVIO, Rodrigo. *Pontos para uma discussão sobre o apoio do PNCSU a atividades econômicas comunitárias*. Brasília: Ipea-PNCSU, set. 1981.

CHALMERS, Thomas. *The Christian and civic economy of large towns*. Glasgow: Chalmers and Collins, 1823.

CLARK, Maria Angélica Gallardo. *La práxis del trabajo social en una dirección científica*. Buenos Aires: Ecro, 1974.

COMPTON, B. R.; GALAWAY, B. (Orgs.). *Social work process*. Homewood: The Dorsey Press, 1975.

DAVIDOFF, Paul. The advocate relationship. In: GILBERT, Neil; SPECHET, Harry (Orgs.). *Planning for Social Welfare*. Nova Jersey: Prentice Hall, 1977.

DUQUE, Ghislaine. *Estratégias camponesas, ação de classe disfarçada*. Campina Grande: UFPb, Departamento de Sociologia, 1980. (Mimeo.)

ETZIONI, Amitai. *Organizações modernas*. 6. ed. São Paulo: Diviasia, 1980.

FALCÃO, Maria do Carmo Brandt de Carvalho. *Serviço Social*: uma nova visão teórica. 3. ed. São Paulo: Cortez e Moraes, 1979.

SABER PROFISSIONAL E PODER INSTITUCIONAL

FALEIROS, Vicente de Paula. *Corporativismo, populismo y seguridad social*: magister latino-americano en trabajo social. Honduras: Universidade de Honduras, 1979. (Mimeo.)

_____. Espaço institucional e espaço profissional. *Serviço Social & Sociedade*, v. I, n. 1, p. 137-53, set. 1979.

_____. *A política social do Estado capitalista*. São Paulo: Cortez, 1980.

_____. *Metodologia e ideologia do trabalho social*. São Paulo: Cortez, 1981.

_____. *Crise econômica e política social na América Latina*. Tese (Mestrado em Serviço Social) — Universidade Federal da Paraíba, João Pessoa, n. 2, 1983. (Mimeo.)

_____. *La régulation étatique des accidents du travail au Brésil*. Tese (Doutorado) — Universidade de Montreal, Montreal, ago. 1983.

FILARDI, Solano; PIZARRO, Crisóstomo. *Elemento para uma avaliação de desempenho do PNCSU*. Brasília: PNCSU, 1980. (Mimeo.)

FOUCAULT, Michel. *Vigiar e punir*. Petrópolis: Vozes, 1977.

GALPER, Jeffry. *Social Work practice*: a radical perspective. Englewood Cliffs: Prentice Hall, 1980.

GERMANI, Gino. *Politique, societé et modernisation*. Bruxelas: Duculot, 1972.

GODBOUT, Jacques; MARTIN, Nocole. *Participation et innovation*. Quebec: Universidade de Quebec, 1974.

GORDON, William. Basic constructs for an integrative and generative conception of Social Work. In: HEARN, Gordon (Org.). *The general systems approach*: contributions toward a holistic conception of Social Work. Nova York: Council on Social Work Education, 1968.

GRAMSCI, Antonio. *Introdução à filosofia da práxis*. Lisboa: Antídoto, 1978.

_____. *Maquiavel, a política e o Estado moderno*. Rio de Janeiro: Civilização Brasileira, 1980.

_____. *Editorial Stato Operario*, ano III, n. 14, [1925]. In: PONTANTIERO, Juan Carlos. *Los usos de Gramsci*. México: P&P, 1977.

GREENWOOD, E. Social science and social work: a theory of their relationship. *Social Service Review*, n. 29, 1955.

HEARN, Gordon. *Theory building in Social Work*. Toronto: University of Toronto Press, 1958.

IAMAMOTO, Marilda; CARVALHO, Raúl. *Relações sociais e Serviço Social no Brasil*. São Paulo: Cortez, 1982.

IPEA-PNCSU. *Proposta para a operacionalização dos CSUs no país*. Brasília: Ipea-PNCSU, 1980. (Mimeo.)

JOHNSON, Terence Y. *Professions and power*. Londres: MacMillan Press, 1977.

KAUFFMANN, Ira. *La gestion du changement*. Quebec: Escola de Serviço Social, s.d. (Mimeo.)

KONDER, Leandro. *O que é dialética*. São Paulo: Brasiliense, 1981.

KONOPKA, Gisela. *Serviço Social de grupo*. Rio de Janeiro: Zahar, 1974.

LEFÈBVRE, Henri. *De l'État*. Paris: Union Génerale d'Éditions, 1976. (Col. 10/18, 4 v.)

_____. La reproduction des rapports de production. *L'Homme et la Société*, n. 22, out./dez. 1972.

LEFORT, Claude. *A invenção democrática*. São Paulo: Brasiliense, 1983.

LIMA, Boris. *Contribución a la metodología del trabajo social*. Caracas: Facultad de Ciencias Economicas y Sociales, 1974.

LIMA, Leila; RODRIGUES, Roberto. Metodolismo, estallido de una época. *Acción Crítica*, n. 14, dez. 1983.

LIMA, Sandra A. Barbosa. *Participação social no cotidiano*. São Paulo: Cortez, 1980.

LIPPIT, Ronald; WATSON, Jeanne; WESTLEY, Bruce. *The dynamics of planned change*. Nova York: Harcourt, 1958.

LOJKINE, Jean. *O Estado capitalista e a questão urbana*. São Paulo: Martins Fontes, 1981.

SABER PROFISSIONAL E PODER INSTITUCIONAL 195

LOURAU, René et al. *Análisis institucional y socio-análisis*. México: Nueva Imagem, 1977.

LOWEL, Josephine Shaw [1898]. Charities. In: RICHMOND, Mary. *Social diagnosis*. Nova York: Russel Sage Foundation, 1917.

LUZ, Madel T. *Instituições e estratégia de hegemonia*. Rio de Janeiro: Graal, 1979.

MacPHERSON, C. B. *A democracia liberal*. Rio de Janeiro: Zahar, 1978.

MAGUIÑA, Alejandrino. *Desarrollo capitalista y trabajo social*: origines y tendencias de la profesión en el Peru. Lima: Ediciones Celats, 1979.

_____. Trabajo social, servicio o actividad productiva. *Acción Crítica*, n. 3, 1977.

MAQUIAVEL, N. *O Príncipe*. São Paulo: Abril Cultural, 1979.

MARX, K. *El capital*. Inédito. México: Siglo XXI, 1979. libro I, capítulo VI.

MEISTER, Albert. *Vers une sociologie des associations*. Paris: Les Editions Ouvrières, 1972.

MILES, Stuart. *L'imagination sociologique*. Paris: Maspero, 1976.

MOFFATT, Alfredo. *Psicoterapia do oprimido*. 5. ed. São Paulo: Cortez, 1984.

MOURE, Barrington. *Social origins of dictatorship and democracy*. Boston: Beacon Press, 1966.

NAPOLEONI, Claudio. *Lições sobre o capítulo VI de Marx*. São Paulo: Lech, 1981.

OLIVEIRA, Francisco. Anos 70: as hostes errantes. *Novos Estudos Cebrap*, v. 1, n. 1, dez. 1981.

PALMA, Diego. *La reconceptualización*: una búsqueda en America Latina, 1977. (Série Celats.)

PARODI, Jorge. El significado del trabajo social en el capitalismo y en la reconceptualización. *Acción Crítica*, n. 4, p. 33-41.

PARSONS, Talcott. The professions and social structures. *Essays in Sociological Theory*, Toronto, MacMillan, 1954.

PARSONS, Talcott; SHILS, Edwars. *Toward a general theory of action*. Harvard: Harvard University Press, 1962.

PERLMAN, Janice E. *O mito da marginalidade*. Rio de Janeiro: Paz e Terra, 1977.

PIAGET, Jean. *Biologie et connaissance*. Paris: Gallimard, 1967.

_____. *Epistemologie des sciences de l'homme*. Paris: Gallimard, 1970.

PINCUS, Allen; MINAHAN, Anne. *Social work practice*: model and method. Ithaca: Peacock Publishers Inc., 1973.

PIVEN, F.; CLOWARD, R. *Regulating the poor*. Nova York: Vintage Books, 1973.

POLSKY, Howard. System as patient: client needs and system functions. In: HEARN, Gordon (Org.). *The general systems approach*: contributions toward a holistic conception of Social Work. Nova York: Council on Social Work Education, 1968.

PORTANTIERO, Juan Carlos. *Los usos de Gramsci*. México: Folios Ediciones, 1982.

POULANTZAS, Nicos. *Pouvoir politique et classes sociales*. Paris: Maspero, 1972.

REYMÃO, Maria Eunice Garcia. *As atribuições profissionais do assistente social*. São Paulo: Cortez e Moraes, 1978.

RICHMOND, Mary. *Social diagnosis*. Nova York: Russel Sage Foundation, 1917.

SANTOS, Leila Lima. *Textos de Serviço Social*. São Paulo: Cortez, 1982.

SINGER, Paul. *Economia política do trabalho*. São Paulo: Hucitec, 1977.

_____. Trabalho produtivo e excedente. *Revista de Economia Política*, São Paulo, v. 1, n. 1, jan./mar. 1981.

_____ et al. *Prevenir e curar*. Rio de Janeiro: Forense, 1978.

SMALLEY, Ruth Elisabeth. *Theory and Social Work practice*. Nova York: Colúmbia University Press, 1967.

SMITH, Adam. *Recherches sur la nature et les causes des richesses des nations.* Osnaburk: Otto Zeller, 1966.

SOUZA SERRA, Rose Mary. *A prática institucionalizada do Serviço Social.* São Paulo: Cortez, 1982.

SOUZA, Maria Luíza. *Questões teórico-práticas do Serviço Social.* São Paulo: Cortez e Moraes, 1979.

SPITZER, Kurt; WELSH, Betty. Problem solving: a model practice. COMPTON, B. R.; GALAWAY, B. (Orgs.). *Social Work process.* Homewood: The Dorsey Press, 1975.

VIRILO, Paul. Le jugement premier, de Jean Paul Lambert: assister c'est exclure. *Esprit,* n. 4, maio 1972.

VV.AA. *Desafío al Servicio Social.* Buenos Aires: Humanitas, 1974.

WARREN, Dean. *A industrialização de São Paulo.* 3. ed. São Paulo: Difel, s.d.

WHYTE, William J. *The organization man.* Nova York: Doubleday and Co. Garden City, 1956.

LEIA TAMBÉM

A POLÍTICA SOCIAL DO ESTADO CAPITALISTA

Vicente de Paula Faleiros

12ª edição - 3ª reimp. (2014)

216 páginas

ISBN 978-85-249-0237-6

A primeira parte desta obra situa o alcance das medidas de política social no desenvolvimento do capitalismo e da luta de classes. A segunda parte analisa as lutas e resistências pela implantação e desenvolvimento de políticas sociais, apresentando dois contextos: um europeu, americano e canadense, e outro latino-americano.

LEIA TAMBÉM

GLOBALIZAÇÃO, CORRELAÇÃO DE FORÇAS E SERVIÇO SOCIAL

Vicente de Paula Faleiros

1ª edição (2013)

288 páginas

ISBN 978-85-249-2111-7

Este livro trata das relações entre globalização, serviço social e prática profissional na perspectiva da correlação de forças, de fortalecimento de poder dos dominados e sujeitos de direitos dos serviços sociais. Aprofunda a discussão da atuação profissional nas condições de mercadorização capitalista global, de agravamento das desigualdades e de precarização do trabalho.

GRÁFICA PAYM
Tel. [11] 4392-3344
paym@graficapaym.com.br